Inteligência de Mercado no contexto de Marketing

CÉSAR STEFFEN

Inteligência de Mercado no contexto de Marketing

Freitas Bastos Editora

Copyright © 2023 by César Steffen.
Todos os direitos reservados e protegidos pela Lei 9.610, de 19.2.1998.
É proibida a reprodução total ou parcial, por quaisquer meios,
bem como a produção de apostilas, sem autorização prévia,
por escrito, da Editora.

Direitos exclusivos da edição e distribuição em língua portuguesa:

Maria Augusta Delgado Livraria, Distribuidora e Editora

Direção Editorial: *Isaac D. Abulafia*
Gerência Editorial: *Marisol Soto*
Diagramação e Capa: *Julianne P. Costa*

Dados Internacionais de Catalogação na Publicação (CIP) de acordo com ISBD

```
S817i        Steffen, César
                 Inteligência de Mercado no contexto de Marketing /
             César Steffen. - Rio de Janeiro, RJ : Freitas Bastos,
             2023.
                 160 p. ; 15,5cm x 23cm.

                 Inclui bibliografia.
                 ISBN: 978-65-5675-341-6

                 1. Marketing. 2. Inteligência competitiva. 3.
             Marketing estratégico. 4. Big Data. 5. Design Thinking.
             6. BSC. 7. Balance Scorecard. 8. Design estratégico.
             9. MS Power BI. 10. Looker Studio. I. Título.
2023-2090                                              CDD 658.8
                                                       CDU 658.8
```

Elaborado por Vagner Rodolfo da Silva - CRB-8/9410

Índices para catálogo sistemático:
1. Marketing 658.8
2. Marketing 658.8

Freitas Bastos Editora

atendimento@freitasbastos.com
www.freitasbastos.com

Sumário

Introdução 7

1 - O marketing no cenário atual 13
MKT 1.0, 2.0, 3.0 e 4.0 37

2. Compreendendo a Inteligência de Mercado 43
Marketing e Inteligência de Mercado 48
Inteligência de Mercado ou Inteligência Competitiva? 51
Marketing Estratégico: a Inteligência de Mercado
aplicada ao planejamento 59

3. O ciclo de Inteligência de Mercado 65
Identificação das necessidades 69
Coleta de dados 70
Coleta de dados e I.M. 76

4. Coleta de dados para Inteligência de Mercado 83
Entrevista 94
Questionário 96
Formulário 102
Observação Participante 103
Coleta grupal 104
Análise de dados 106
Montagem de cenários 108
Tomada de decisão 110
Disseminação 111

5. Big Data e Inteligência de Mercado 113
BIG DATA 115
Os 5 V's 119
Gestão da informação e I.M. 123

6. Ferramentas de Inteligência de Mercado 127
Design Thinking 129
Design Estratégico..133
BSC – Balanced Scorecard 137
Softwares para análise de dados...................................143

7. Considerações Finais..147

REFERÊNCIAS 153

ANEXO I - Glossário..157

Introdução

"Para quem não sabe aonde quer ir,
qualquer vento serve"
Ditado popular

A inteligência de mercado tem experimentado um notável crescimento no âmbito dos mercados e do marketing nos últimos tempos,
tornando-se cada vez mais essencial para empresas e organizações de
todos os tamanhos.

Aqui está um breve exemplo que ilustra o significado e o modo de
funcionamento da inteligência de mercado.

Imagine-se trabalhando no departamento de marketing e inovação
de uma grande corporação. A missão da sua equipe e a sua é desenvolver novos produtos e soluções que coloquem marcas, produtos e
serviços em destaque.

Não seria fantástico se você pudesse acessar dados e informações
sobre tendências, comportamentos e necessidades específicas dos segmentos de mercado em que a sua empresa atua, utilizando-os como
oportunidades estratégicas de mercado? E não só isso, mas também
conseguir identificar essas tendências antes da concorrência, até mesmo antes de o mercado em geral percebê-las? A resposta é um enfático
sim. Na verdade, todo gestor ou empreendedor, independentemente
do porte ou setor em que atua, precisa ter a capacidade de antecipar as
demandas dos consumidores antes de competir.

No passado, prever tendências competitivas envolvia pesquisas extensas, análises minuciosas, grupos focais e coordenação de uma equipe de especialistas em diversas tarefas, além de investimentos significativos. Hoje em dia, graças às avançadas ferramentas de inteligência de

mercado, é possível monitorar os hábitos, tendências, desejos e necessidades dos consumidores, detectar mudanças e possíveis problemas, além de acompanhar o mercado para agir em consonância com as demandas do público. E é exatamente isso que será abordado neste livro.

...

Uma rápida e fácil visita a qualquer supermercado, mesmo que não seja o maior, permite-lhe ver uma vasta gama de produtos que respondem aos diferentes desejos e necessidades das pessoas. Mesmo produtos da mesma classe ou tipo, como pão, massa, lavanderia ou chocolate, apresentam concorrência entre marcas diferentes que oferecem soluções diferentes para as mesmas necessidades. E se o seu supermercado for grande, você pode adicionar serviços a estruturas como postos de gasolina ou terminais bancários e lojas diversas.

Um passeio pelo bairro revela uma variedade de serviços. Banca de jornal que também vende água e refrigerantes. Mercearias que oferecem jornais diários. Pão com café, vários embalados, doces etc. Clínicas e consultórios odontológicos, *pet shops*, serviço de *fast food*, entrega remota, ponto de táxi por telefone, atendimento local, áreas vizinhas. Academia, restaurante e tudo que os locais pedem.

Nossos *smartphones* estão cheios de aplicativos que nos ajudam a resolver ou atender a todos os tipos de necessidades: GPS para encontrar a rota mais rápida, serviços bancários, compra de alimentos e bebidas e muito mais. Sem contar que as redes sociais, que são vitrines de diversas marcas, produtos e serviços, sempre contam com dados de provedores de serviços para entregar conteúdo ao público certo.

A oferta de produtos e serviços que vão ao encontro das necessidades, vontades, e identidades moldadas e emergentes nas nossas sociedades é vasta e variada. A concorrência no mercado está aumentando entre marcas e produtos locais e entre concorrentes globais que chegam ao nosso mercado pela Internet. E a disputa por atenção, desejo e, claro, pelo bolso do consumidor está cada vez mais acirrada.

Graças ao crescimento da Internet e ao armazenamento e processamento de dados da rede, entender mercados, preferências de consumidores, atitudes, preferências, desejos e atitudes, mercados, identificar mudanças e prever tendências é um desafio diário constante para profissionais de marketing. Suporta novas áreas do mercado de Inteligência de Gestão. O marketing é o cérebro e o coração das empresas, organizações e negócios que focam nos mercados e consumidores que encontram em sua estratégia. É o principal direcionador e foco estratégico do qual derivam as decisões e orientações para o posicionamento do produto, implementação do serviço e desenvolvimento do atendimento ao cliente.

Marketing, em toda a sua diversidade e diversidade, refere-se a como você planeja suas comunicações, como você redige e-mails, envia saudações ou desejos de aniversário e como seus funcionários se comportam e interagem com os clientes. O marketing moderno exige, portanto, uma visão ampla e holística de 360 graus, mas sempre baseada nas metas, objetivos e posicionamento de uma empresa, marca, produto ou serviço em seu mercado.

Sendo o marketing uma área de gestão e interação constante com as pessoas (seus desejos, necessidades, personalidade, como se posicionam e querem ser percebidas), o marketing é um monitoramento constante, requer atenção e investigação. e a viabilidade do que foi introduzido e está circulando no mercado. Assim, o estudo das condições de mercado, comportamento e preferências do consumidor, observação de possíveis mudanças de rota e possíveis problemas é uma atividade (atividade) contínua da gestão de marketing. Para o efeito, são utilizadas diversas ferramentas e recursos, desde inquéritos e sondagens presenciais e telefônicos a métricas de Internet, dependendo do foco, processo e objetivos e, em particular, da estratégia desenvolvida pela empresa.

Monitorar o mercado significa identificar e monitorar o rigor das decisões e ações, maximizando resultados, garantindo o uso adequado dos recursos, fazendo mudanças de rumo e ações corretivas quando necessário, estratégias e mensagens e conteúdos gerados.

Criar uma percepção positiva no mercado é um dos destaques e desafios do marketing. É importante entender o que e como os consumidores se comportam e se posicionam em relação às ofertas, e como as empresas se posicionam e se diferenciam dos concorrentes em um mercado cada vez mais saturado de produtos e serviços e de informações para sucesso. Da mesma forma, é importante entender o que o consumidor entende, o que busca e deseja, como se posiciona diante da oferta proposta, se a avalia ou não.

Pesquisa, monitoramento, entrevistas, análises e acompanhamento são vitais para o marketing. Com a ajuda da verificação e verificação, entendemos o que e como os consumidores querem, encontram e escolhem, como associam valores, por exemplo, em elementos formais e diretos, características materiais ou elementos intangíveis de um produto. Marca, design, cor, forma, diferença etc.

Marketing é a atividade de gerenciamento de mercados e desejos e necessidades dos consumidores e opera em um ambiente de negócios onde a concorrência direta e indireta afeta os negócios. Esses ambientes têm oportunidades, ameaças e variáveis relacionadas ao público, distribuição e muito mais, que demandam das empresas monitoramento e verificação constantes, além de atenção a qualquer variação que possa representar uma oportunidade ou mesmo uma ameaça.

Então, compreender essas variáveis e analisar e monitorar o ambiente são atividades permanentes do marketing em empresas de todos os portes, pois, independentemente do tamanho, das atividades, do foco, do segmento em que a empresa atua, das políticas e do planejamento em atuação e implantação, o marketing precisa saber o que está acontecendo (e como) para agir ou reagir.

Para captar, sistematizar, organizar e transformar estes dados e informações em elementos de apoio e suporte à gestão, olhar para dentro e para fora da empresa, colher informações e ajudar na tomada de decisões estratégicas para os diversos setores é que existe a Inteligência de Mercado – I.M.

Por isso, vamos tratar desse cada dia mais importante, relevante – e recheada de oportunidades – área, tendo em conta os objetivos e o ambiente de marketing. Para isso, será necessário que visitemos alguns elementos e conceitos essenciais da área do marketing e da gestão, sempre no contexto de marketing.

Assim, poderemos avançar e entender sobre o que é, como funciona, como deve ser abordada a Inteligência de Mercado de forma a se traduzir em resultados e maior competitividade para empresas, marcas e negócios de todos os tamanhos e mercado. Nem sempre é possível citar o nome, marca, detalhes do case e história a ser usada como case. No entanto, tenho certeza que uma boa pesquisa no Google lhe dará todas as explicações de que você precisa.

Boa leitura!

Prof. Dr. César Steffen.

1 - O marketing no cenário atual

Observe atentamente a imagem a abaixo.

Figura 1 - uma marca.

Fonte: https://muitocurioso.org/wp-content/uploads/2020/02/nike-logo.jpg

De fato, identificar empresas, setores e segmentos mencionados nesse contexto não deve ser um problema para sua percepção. Apenas olhar para esta imagem pode ter trazido de volta algumas memórias. A marca consolidou-se como objeto de referência e desejo em seu respectivo mercado e é uma marca amplamente conhecida e reconhecida.

Na verdade, você provavelmente tem uma ou mais peças dessa marca em seu guarda-roupa, e talvez até esteja usando uma agora. Além das considerações de 'sabor', 'apelo' ou 'qualidade', quando solicitado a fornecer uma avaliação detalhada desta marca, o que ela representa e significa para você? Você pode dizer? Em outras palavras, quais pensamentos e sentimentos são acionados em sua mente quando você encontra esta marca?

Eu quero que você tire um momento para pensar sobre esta questão...

O que isso tem a ver com marketing? Antes de chegarmos ao ponto, vejamos outro exemplo simples. Confira também a imagem abaixo.

Figura 2 - três marcas conhecidas, e reconhecidas.

Fonte: https://portalmakingof.com.br/mcdonalds-bobs-ou-burger-king-
-qual-fast-food-favorito-de-cada-estado-do-brasi

Como não é preciso perguntar as marcas, e levando em conta que todas atuam no mercado de *fast food* e com produtos assemelhados, vamos direto ao ponto: o que você **sente** ao ver cada uma delas? O que associa, entende por cada uma destas marcas? Qual aspecto, que qualidade, que **sentimento** ou palavra você associa a cada uma?

Essa sua sensação, esses sentimentos e percepções em relação às marcas, produtos, serviços, empresas, lojas, é o que o marketing constrói. É a razão de ser do marketing no mercado.

Ligar para o 0800 de uma empresa e receber um atendimento rude e apressado é um indicativo negativo da marca. Essas interações diretas com os clientes são pontos críticos em que a imagem da empresa é formada e pode afetar significativamente a percepção do público.

Esse é um aspecto importante a ser considerado no marketing. Patrocinar eventos, atletas ou influenciadores relevantes pode ajudar a associar a marca a valores positivos e gerar identificação com o público-alvo.

No entanto, é fundamental que a marca entregue produtos e serviços de qualidade, atendendo aos desejos e necessidades do consumidor. É preciso manter um alinhamento consistente entre o que a marca promove e o que ela entrega.

Pesquisas demonstram que a cor vermelha estimula a fome e o consumo de comida *fast food*? Nesse caso, é uma estratégia interessante utilizar essa cor para atrair a atenção dos consumidores em determinados contextos.

Se o consumidor prefere salada em vez de batata frita, adicionar opções mais saudáveis ao cardápio é uma forma de atender às suas preferências e promover escolhas mais equilibradas.

Se há demanda por *milk shakes* de sabores específicos, incluir essas opções no cardápio pode atrair e satisfazer os clientes.

Se o público deseja personalizar suas roupas, criar um *blog* com dicas e informações sobre como fazer isso pode ser uma maneira de engajar e atender às suas necessidades.

Se uma influenciadora específica está atraindo a atenção do público-alvo, patrocinar essa pessoa pode ajudar a fortalecer a presença da marca.

No entanto, caso essa influenciadora cometa algum erro, tenha comportamentos repreensíveis ou não esteja alinhada aos valores e à imagem que a marca deseja transmitir, é necessário reconsiderar o patrocínio e tomar uma decisão adequada.

Em resumo, o marketing abrange várias estratégias para atender às demandas do consumidor, promover valores positivos e estabelecer uma imagem consistente. É um processo contínuo de adaptação e resposta às necessidades do mercado.

Figura 3 - as marcas geram identificação com os consumidores.

Fonte: desenvolvido pelo autor.

ISSO é marketing.
É pensar no que o mercado quer, o que o consumidor deseja.
É pesquisar e analisar o que chama sua atenção.
O marketing eficaz é baseado na compreensão dos padrões de comportamento das pessoas, suas ações, reações, expectativas e percepções. Trata-se de reconhecer as necessidades e desejos do público-alvo e fornecer soluções que atendam a essas demandas de maneira autêntica.

O marketing ético e responsável não se trata de iludir, seduzir ou persuadir a qualquer custo, nem de enganar ou ludibriar os consumidores. Pelo contrário, é sobre estabelecer uma conexão genuína com as pessoas, compreender suas aspirações e entregar valor real por meio de produtos, serviços e experiências.

Ao conhecer profundamente o público-alvo e entender seu ambiente e contexto social, é possível oferecer soluções relevantes e satisfatórias. Trata-se de ouvir e responder às necessidades do mercado, em vez de impor algo que não seja do interesse dos consumidores.

O marketing bem-sucedido se baseia em uma abordagem centrada no cliente, focada em entender o que as pessoas realmente querem, desejam e sonham, e oferecer produtos e serviços que atendam a essas expectativas de maneira autêntica e valiosa.

Portanto, concordo plenamente com a ideia de que o marketing eficaz é sobre entender e entregar o que as pessoas querem, de forma ética e responsável.

...

De fato, a essência do marketing reside nas pessoas e em como as empresas atendem às suas necessidades e desejos. O marketing bem-sucedido baseia-se na compreensão profunda do mercado, dos consumidores, de seus perfis, comportamentos, perspectivas de vida e suas interações com o mundo ao seu redor, incluindo marcas, produtos, serviços e empresas.

Esse conhecimento detalhado do mercado e do público-alvo é essencial para criar propostas de valor que sejam verdadeiramente adequadas às expectativas e visões de mundo das pessoas. Isso implica que todas as interações e pontos de contato com os clientes, desde o atendimento telefônico até a equipe de vendas, publicidade, redes sociais e até mesmo os motoristas que representam a empresa, têm impacto na percepção e avaliação que os consumidores têm da marca. Essa percepção, por sua vez, afeta diretamente a imagem e os resultados da empresa no mercado.

Em suma, a ideia central do marketing é gerar produtos e serviços que estejam alinhados com as necessidades e desejos do mercado, que sejam atrativos e capazes de despertar a atenção das pessoas. Compreender profundamente o mercado e as pessoas envolvidas permite que as empresas façam propostas de forma mais natural, destacando-se diante da concorrência e minimizando barreiras ou limitações.

Portanto, o marketing eficaz é um processo contínuo de compreensão e adaptação às demandas do mercado, sempre colocando as pessoas no centro das estratégias e ações.

Figura 4 - calçados são identificados em sua forma e função pelas marcas.

Fonte: Ingo Joseph/Pexels, disponível em https://images.pexels.com/photos/609771/pexels-photo-609771.jpeg Acesso em 05/2023

Agora, imagine que, ao invés de se chamar Nike, a marca fosse "Tênis para corrida", "tênis bonito", "tênis confortável". Ou ao invés de McDonalds, Burger King ou Bob's fosse "comida rápida", ou "Hamburger". Será que você teria o mesmo interesse, consideraria os produtos da mesma forma?

Uma camisa pode ser mais que uma camisa: pode significar estar bem vestido para o trabalho, para uma festa, para um processo seletivo de um emprego. Um sapato da mesma forma.

Um tênis pode ser adquirido para a prática de um esporte, assim como para manifestar algo da identidade de quem comprou – gostar de basquete, futsal ou mais.

> **Assista:**
> Isso é chamado de Proposta de Valor, e pode ser compreendido em mais detalhes olhando para empresas conhecidas nesse vídeo.

PROPOSTA DE VALOR: O Que é, Como Fazer e Exemplos (Simples e Prático)

https://www.youtube.com/watch?v=ukSBRtsyiYs

O mesmo princípio se aplica a lanches, acessórios como óculos escuros, bolsas, mochilas, clubes, locais de festa, carros, bicicletas e outros produtos e serviços que desejamos e adquirimos. O marketing precisa compreender profundamente essas necessidades e desejos dos consumidores e aplicar estratégias e ações que estejam alinhadas a eles.

A imagem e a percepção que temos de uma marca ou produto são resultado do trabalho do marketing, que constrói uma relação entre as imagens, benefícios percebidos e as expectativas e desejos do consumidor. Essa relação é fundamental para o sucesso de uma marca ou produto no mercado.

É importante ressaltar que o marketing não surgiu do nada ou da noite para o dia. Assim como outras áreas humanas, ele passou e continua passando por mudanças e ajustes ao longo do tempo. É interessante explorar como o marketing começou e como evoluiu ao longo dos anos para melhor atender às necessidades dos consumidores.

O entendimento do comportamento do consumidor, suas preferências e como se relacionam com as marcas e produtos é essencial para que o marketing possa criar estratégias eficazes e estabelecer uma conexão sólida com o público-alvo.

Portanto, concordo plenamente que o marketing desempenha um papel fundamental em construir a percepção de uma marca ou produto, levando em consideração as expectativas e desejos dos consumidores.

...

"Liberdade é uma palavra que o sonho humano alimenta, não há ninguém que explique e ninguém que não entenda." Cecília Meireles escreveu esta célebre e bastante citada frase em seu livro "O romanceiro da Inconfidência", publicado pela primeira vez em 1953.

Traçando uma analogia, podemos dizer que marketing é uma área que todos explicam, e todos de alguma forma entendem. apesar da aparente simplicidade do marketing, ele é uma área complexa que envolve um conjunto de ferramentas, estratégias, táticas e planejamento específico. É verdade que o marketing vai além de uma simplificação superficial e requer um estudo profundo e compreensão para ser aplicado com eficácia em todas as suas nuances e facetas, especialmente como elemento de planejamento.

Agora vamos revisar o que o marketing aborda, seus conceitos e características fundamentais, bem como sua evolução e comportamento na atualidade, e as ferramentas e conceitos essenciais a serem aplicados no planejamento.

O marketing surge em um contexto histórico, e é importante lembrar dos anos 1950 nos Estados Unidos para compreender como a sociedade da época influenciou o surgimento e a consolidação do marketing no ambiente social e mercadológico, e como ele continua evoluindo até os dias atuais.

Os anos 1950 foram marcados por uma grande prosperidade econômica nos Estados Unidos. O fim da Segunda Guerra Mundial trouxe consigo o retorno dos soldados, uma explosão populacional, muitos empregos e consumo. Surgiu o modelo de "família tradicional", em que o homem trabalhava fora o dia todo, trazendo o sustento financeiro, enquanto a mulher cuidava da casa e dos filhos, garantindo a limpeza, a alimentação e atendendo aos desejos e necessidades do marido e dos filhos.

Nessa época, também ocorreu o chamado *"baby boom"*, um aumento significativo da taxa de natalidade após a Segunda Guerra Mundial. Isso levou ao surgimento do conceito de *"baby boomers"*, que eram as crianças geradas e nascidas nesse período pós-guerra, com características e interesses de mercado facilmente identificáveis e previsíveis.

É importante observar que esses exemplos históricos são apenas uma introdução ao marketing, e ele evoluiu muito desde então. O marketing atual abrange uma ampla gama de áreas, desde pesquisa de mercado até estratégias de posicionamento, segmentação de mercado, comunicação, branding, gerenciamento de relacionamento com o cliente e muito mais.

Para um planejamento de marketing eficaz, é necessário compreender o mercado, o público-alvo, seus comportamentos, desejos e necessidades. Também é essencial utilizar ferramentas e conceitos adequados, como análise SWOT, mix de marketing (4Ps: produto, preço, praça e promoção), análise de concorrência, pesquisa de mercado e análise de tendências.

Em resumo, o marketing é uma disciplina complexa e em constante evolução, que requer um estudo aprofundado e a aplicação de estratégias adequadas para alcançar os objetivos de uma empresa ou organização no mercado.

> **Atenção**
>
> *A geração que seguiu não apresentou a mesma facilidade de observação e conceituação. Pelo contrário, mostrava uma ampla variedade de tendências e comportamentos difíceis de serem classificados, que levou os profissionais de mercado a chamarem de "Geração X", ou geração incógnita.*

Com a introdução da linha de bolos rápidos "Betty Crocker" pela General Mills, a proposta de oferecer aos consumidores uma caixa com uma receita pronta para preparar um bolo caseiro de forma fácil e conveniente foi inovadora para a época. A marca "Betty Crocker" incorporou uma personagem fictícia que representava a dona de casa e proporcionava uma sensação de familiaridade e confiança.

A simplicidade e conveniência dessa proposta certamente foram fatores atrativos para os consumidores. Com a facilidade de seguir a receita na caixa, adicionando apenas água na medida indicada, misturando e levando ao forno, era esperado que o produto alcançasse um grande e rápido sucesso.

No entanto, é importante ressaltar que o sucesso de um produto depende de vários fatores, incluindo a qualidade do produto em si, o mercado em que ele é lançado, a conscientização do consumidor sobre o produto, a concorrência existente e outros elementos do mix de marketing, como preço e promoção.

Embora a proposta dos bolos rápidos "Betty Crocker" tenha sido inovadora, o sucesso e a velocidade de aceitação do produto podem variar de acordo com o mercado e a resposta dos consumidores. Portanto, não se pode presumir automaticamente que o produto tenha alcançado um grande e rápido sucesso sem levar em consideração todos esses fatores.

No entanto, vale mencionar que a marca "Betty Crocker" se tornou icônica e continua a ser reconhecida até os dias atuais, com uma ampla gama de produtos alimentícios e associações positivas com a ideia de praticidade e qualidade caseira.

Figura 5 - um bolo nem sempre é somente um bolo.

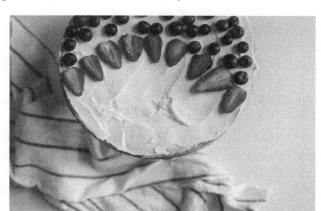

Fonte: Cottombo Studio/Pexels, disponível em https://images.pexels.com/photos/4686833/pexels-photo-4686833.jpeg Acesso em 05/2023

O lançamento dos bolos rápidos "Betty Crocker" e como o produto inicialmente enfrentou rejeição por parte das donas de casa. Esse caso ilustra perfeitamente como o marketing opera e por que se tornou uma área central nas empresas e organizações atualmente.

No contexto dos anos 1950, as pesquisas indicaram que as donas de casa não se identificavam com a proposta dos bolos rápidos "Betty Crocker". Fazer um bolo era considerado um ato de amor para suas famílias, e simplesmente misturar água não era visto como um esforço que justificasse esse sentimento de amor e cuidado que elas queriam expressar.

A mulher tinha o papel de cuidar da casa, enquanto o homem supria as necessidades financeiras. Embora essas atividades fossem consideradas equivalentes, já existia a percepção de que o trabalho doméstico exigia menos esforço. Portanto, um bolo, como uma tarefa doméstica, não poderia ser tão fácil de fazer, pois isso desvalorizava o trabalho doméstico. As donas de casa sentiam que fazer um bolo dessa forma era "muito fácil" e não estava à altura de seu papel como mãe, esposa e cuidadora da casa.

A marca, baseada nessas informações e em estudos realizados por psicólogos e outros profissionais do comportamento humano, decidiu modificar a receita, exigindo a adição de outros ingredientes, como ovos e leite. Com essa mudança, os produtos passaram a ser aceitos pelo mercado das donas de casa, surgindo assim as misturas de bolos e doces que ainda encontramos no mercado hoje em dia.

No entanto, a pergunta continua: por que o produto fracassou inicialmente?

A resposta está no fato de que o produto não conseguiu estabelecer uma relação com seu mercado e seu público-alvo. Ele vendia facilidade, praticidade e benefícios que não eram desejados pelas donas de casa. Isso resultou na falta de interesse e na não compra do produto. Os bolos prontos só obtiveram sucesso quando passaram a atender as expectativas, necessidades, desejos e sonhos de suas consumidoras principais, as donas de casa.

Esse é apenas um exemplo entre os muitos casos de produtos lançados nas últimas décadas que não alcançaram o sucesso esperado, pois as empresas falharam em identificar as reais necessidades e desejos de seus consumidores, oferecendo algo que, mesmo sendo uma solução boa e inovadora, não era exatamente desejado.

E isso está diretamente relacionado ao marketing. Na época, Kotler (1998) já começava a estudar o que viria a ser um dos primeiros conceitos formais de marketing, definindo-o como "o processo social e gerencial por meio do qual indivíduos e grupos obtêm o que necessitam e desejam por meio de trocas de valor com outros".

Esse conceito nos permite compreender que o marketing envolve a identificação das necessidades e desejos dos consumidores, a criação de produtos e serviços que atendam a essas demandas e a oferta de valor por meio de trocas. O marketing é responsável por entender o mercado, conhecer os clientes, desenvolver estratégias adequadas e estabelecer uma relação de valor entre a empresa e seu público-alvo.

Em resumo, o exemplo dos bolos rápidos "Betty Crocker" evidencia como o marketing desempenha um papel central ao identificar e atender às necessidades e desejos dos consumidores, oferecendo produtos e serviços que realmente sejam desejados e valorizados pelo mercado. Assim, vemos que:

1 - O Marketing no cenário atual

Marketing é um processo - o marketing é um processo contínuo e dinâmico que requer análise, monitoramento e ajustes constantes. Não se trata apenas de criar um plano e deixá-lo na gaveta, mas sim de estar envolvido ativamente nas atividades de marketing, acompanhando e adaptando-se às mudanças do mercado e às necessidades dos consumidores.

O marketing exige uma abordagem proativa, onde é necessário analisar constantemente o ambiente de mercado, monitorar as tendências, as preferências dos consumidores, a concorrência e outros fatores relevantes. Com base nessas informações, é possível tomar decisões informadas e ajustar as estratégias de marketing para melhor atender às necessidades e desejos dos consumidores.

Além disso, é importante estar aberto a corrigir rumos quando necessário. À medida que o mercado e as preferências dos consumidores evoluem, é essencial estar disposto a adaptar-se, alterar estratégias e abordagens, testar novas ideias e até mesmo corrigir eventuais erros ou falhas. O marketing é um campo que está em constante evolução, e as empresas e profissionais de marketing devem estar dispostos a se adaptar e responder rapidamente às mudanças do mercado.

Portanto, o marketing é um processo ativo e dinâmico, que requer uma mentalidade de análise contínua, monitoramento e ajustes para garantir que as estratégias e ações estejam alinhadas com as necessidades e expectativas do mercado. Aqueles que atuam e lidam diretamente com o marketing devem estar preparados para essa abordagem processual e estar dispostos a realizar as mudanças necessárias para alcançar o sucesso no mercado em constante evolução.

Marketing é social - seu foco social nas pessoas, suas expectativas, papéis na sociedade, percepções e como desejam ser compreendidas e vistas. Embora produtos e preços sejam variáveis importantes a serem monitoradas e gerenciadas no marketing, o cerne da disciplina reside nas relações humanas e nas interações entre pessoas.

O marketing reconhece que os indivíduos não existem isoladamente, mas sim como parte de grupos sociais, comunidades e redes. Essas relações são essenciais para entender as necessidades, desejos, valores e comportamentos dos consumidores. Ao compreender essas dinâmicas sociais, o marketing pode desenvolver estratégias e ações que atendam às demandas do público-alvo de forma mais eficaz.

O conceito de marketing menciona explicitamente "indivíduos e grupos", destacando a importância de considerar tanto as necessidades e desejos individuais quanto as influências sociais e culturais que moldam as preferências e comportamentos das pessoas. Isso implica em reconhecer que as decisões de compra são influenciadas por fatores como família, amigos, comunidade, cultura e valores compartilhados.

Portanto, o marketing é, essencialmente, sobre as pessoas e suas relações. Envolve compreender e atender às necessidades, desejos e aspirações das pessoas, levando em consideração os contextos sociais, culturais e individuais em que estão inseridas. O sucesso no marketing é alcançado quando uma empresa ou organização é capaz de estabelecer conexões genuínas e significativas com seu público-alvo, construindo relacionamentos duradouros e satisfazendo as expectativas sociais e pessoais das pessoas.

Marketing é gerencial - o marketing desempenha um papel significativo nesse processo. A gestão é o cérebro e o coração da empresa, responsável por definir os objetivos, estabelecer metas, planejar, coordenar e controlar todas as atividades da organização.

O marketing desempenha um papel crucial nesse contexto, pois é responsável por impulsionar o crescimento e o sucesso da empresa. Ele contribui para a definição de metas e objetivos de marketing alinhados aos objetivos gerais da organização. Ao entender o mercado, analisar as necessidades e desejos dos clientes, identificar oportunidades e ameaças, o marketing ajuda a moldar a estratégia e a direção da empresa.

Além disso, o marketing é responsável pela criação de valor para os clientes, desenvolvimento de produtos e serviços, precificação adequada, comunicação eficaz com o mercado-alvo e construção de relacionamentos duradouros com os clientes. Ele desempenha um papel ativo na identificação e aproveitamento de oportunidades de mercado, desenvolvendo estratégias de segmentação, posicionamento e diferenciação para destacar a empresa no mercado competitivo.

A gestão eficaz do marketing envolve a alocação adequada de recursos, o monitoramento dos resultados, a análise de desempenho e a tomada de decisões baseadas em dados e insights de mercado. O marketing também interage com outras áreas da empresa, como vendas, operações, finanças e recursos humanos, garantindo uma abordagem integrada e alinhada para alcançar os objetivos organizacionais.

Portanto, o marketing desempenha um papel importante na gestão da empresa, contribuindo para o alcance dos objetivos e metas estabelecidos. É essencial que as empresas adotem uma abordagem estratégica e orientada para o cliente em suas atividades de marketing, integrando-o à gestão global da organização para obter resultados positivos e sustentáveis.

Marketing lida com necessidades e desejos - Os seres humanos possuem desejos e necessidades ilimitados, mas os recursos disponíveis para atender a essas necessidades são limitados. Esse desequilíbrio entre desejos e recursos cria a necessidade de fazer escolhas.

O papel do marketing é justamente compreender essas necessidades e desejos dos consumidores e desenvolver ofertas e ações que sejam atraentes e adequadas a essas demandas. Por meio da pesquisa de mercado, análise do comportamento do consumidor e compreensão das tendências e preferências, o marketing busca identificar oportunidades de mercado e criar produtos, serviços e estratégias que atendam às expectativas e satisfaçam as necessidades dos consumidores.

Ao conhecer profundamente as necessidades e desejos dos consumidores, o marketing pode desenvolver estratégias de segmentação de mercado, que envolvem dividir o mercado em grupos distintos com características e necessidades semelhantes. Isso permite uma abordagem mais personalizada, direcionando as ofertas e ações de marketing para atender às preferências de cada segmento de consumidores.

Além disso, o marketing também está envolvido na definição de preços adequados, levando em consideração a percepção de valor do consumidor e a capacidade de pagamento. O marketing trabalha para comunicar efetivamente os benefícios dos produtos e serviços, criando mensagens persuasivas e estratégias de promoção para atrair e engajar os consumidores.

Em suma, o marketing desempenha um papel crucial ao entender as necessidades e desejos dos consumidores, buscando desenvolver ofertas e ações que sejam relevantes e atraentes. Ele ajuda a estabelecer uma conexão entre os recursos disponíveis e as escolhas feitas pelos consumidores, oferecendo soluções que agregam valor e atendem às suas expectativas.

Marketing gera trocas de valor - O valor vai além do preço de um produto ou serviço e está intrinsecamente ligado à percepção de importância que os consumidores atribuem a ele no mercado.

O valor percebido pelos consumidores é influenciado por uma variedade de fatores, como qualidade, utilidade, conveniência, experiência do cliente, marca e reputação. O marketing desempenha um papel fundamental na construção desse valor, visando tornar o produto, serviço ou marca uma referência no mercado.

Para construir valor, o marketing deve entender profundamente as necessidades e desejos dos consumidores, bem como os elementos que são importantes para eles. Com base nesse conhecimento, estratégias de marketing são desenvolvidas para comunicar os benefícios e as características do produto ou serviço, destacando o valor que eles proporcionam aos consumidores.

Além disso, a construção de valor também envolve a criação de uma identidade de marca forte, associando-a a atributos positivos e relevantes para o público-alvo. Uma marca que é percebida como confiável, inovadora, de alta qualidade ou que atenda a uma necessidade específica do consumidor tende a ser valorizada e prioritária em relação à concorrência.

Outro aspecto importante na construção de valor é o relacionamento com o cliente. O marketing busca criar experiências positivas e personalizadas, estabelecendo um vínculo emocional com os consumidores. Isso gera fidelidade à marca e influencia a preferência e prioridade na escolha de produtos ou serviços.

Em resumo, o marketing desempenha um papel fundamental na construção de valor, buscando tornar o produto, serviço ou marca uma referência para os consumidores. Isso é alcançado por meio da compreensão das necessidades e desejos dos consumidores, comunicação eficaz dos benefícios oferecidos e construção de relacionamentos duradouros com os clientes. Ao agregar valor, o marketing busca criar uma vantagem competitiva que gera preferência e prioridade na mente dos consumidores.

Outro importante estudioso do campo da gestão que trabalhou com o conceito de marketing – há algumas dezenas que pensaram e escreveram sobre marketing, mas preferimos aqui focar nos mais conhecidos e claros em seus conceitos – é Peter Drucker (2007, p. 137/ 2013, p. 27) que resume o papel e o fazer do marketing em três frases curtas: "Defina quem é seu cliente. Descubra o que ele quer. Entregue o que ele quer."

A citação de Peter Drucker resume de forma sucinta e clara o papel e a essência do marketing. Vamos analisar cada uma das frases para entender as implicações:

> **"Defina quem é seu cliente"** destaca a importância de identificar e compreender o perfil do cliente-alvo. O marketing busca segmentar o mercado e definir os grupos de consumidores que são mais propensos a se interessar pelo produto ou serviço oferecido. Compreender quem são os clientes permite direcionar as estratégias e ações de marketing de forma mais eficaz.

> **"Descubra o que ele quer"** enfatiza a necessidade de compreender as necessidades, desejos e preferências dos clientes. O marketing realiza pesquisas de mercado, análise de tendências, *feedback* dos consumidores e outras ferramentas para obter *insights* sobre o que os clientes realmente desejam. Essa compreensão é essencial para desenvolver produtos, serviços e estratégias que atendam às expectativas do mercado.

> **"Entregue o que ele quer"** traz a ênfase em fornecer aos clientes exatamente o que eles desejam e valorizam. O marketing busca criar ofertas e experiências que atendam às necessidades e desejos identificados, oferecendo soluções que agreguem valor e satisfação aos clientes. A entrega do que os clientes querem envolve não apenas o produto ou serviço em si, mas também aspectos como qualidade, conveniência, atendimento ao cliente e suporte pós-venda.

Em suma, essas três frases de Peter Drucker ressaltam a importância de compreender e atender as necessidades dos clientes como base para o sucesso do marketing. Ao definir o perfil do cliente, descobrir seus desejos e entregar o que ele quer, as empresas podem desenvolver estratégias eficazes e construir relacionamentos duradouros com seus clientes. Essa abordagem centrada no cliente é fundamental para o sucesso do marketing e para a criação de valor e diferenciação no mercado. Depreende-se então dessa citação e ideia de Drucker que:

> **O marketing define um grupo de clientes** - o processo que é conhecido como segmentação de mercado. A segmentação de mercado envolve a identificação e divisão do mercado em diferentes grupos ou segmentos com características e necessidades semelhantes. Essa estratégia permite que as empresas direcionem seus esforços e recursos de forma mais eficiente, maximizando os resultados.
>
> Ao segmentar o mercado, as empresas podem entender melhor as características demográficas, psicográficas, comportamentais e geográficas dos consumidores em cada segmento. Isso ajuda a adaptar as estratégias de marketing, a mensagem e as ofertas para atender às necessidades específicas de cada segmento. Em vez de adotar uma abordagem única para todo o mercado, a segmentação permite uma abordagem mais personalizada e direcionada.
>
> Ao focar em segmentos específicos, as empresas podem concentrar seus esforços em atender às necessidades desses consumidores de forma mais precisa. Isso pode resultar em maior eficácia das campanhas de marketing, melhor alocação de recursos e maior sucesso na conquista e retenção de clientes.
>
> Além disso, a segmentação de mercado também pode ajudar as empresas a identificar oportunidades de nicho, segmentos de mercado não atendidos ou sub atendidos pela concorrência. Isso pode criar vantagens competitivas e abrir espaço para inovação e diferenciação no mercado.

Em resumo, a segmentação de mercado é uma estratégia importante no marketing, permitindo que as empresas atendam às necessidades específicas dos diferentes segmentos de clientes. Ao direcionar seus esforços e investimentos para segmentos de mercado identificados, as empresas podem maximizar os resultados e melhorar a eficiência de suas atividades de marketing.

O marketing pesquisa seu mercado - Além de definir o segmento de mercado, é crucial realizar pesquisas e análises para compreender profundamente as necessidades, desejos, expectativas e carências dos consumidores nesse segmento. Essas informações são essenciais para desenvolver estratégias de marketing eficazes e diferenciar-se da concorrência.

Ao pesquisar o segmento de mercado, as empresas podem identificar *insights* valiosos sobre o comportamento do consumidor, suas preferências, motivações e desafios. Essas informações ajudam a adaptar as ofertas de produtos, serviços ou marca para atender às necessidades específicas dos consumidores, oferecendo soluções relevantes e diferenciadas.

Ao identificar oportunidades de diferenciação e posicionamento, as empresas podem buscar maneiras de se destacar da concorrência e se tornar a opção preferida dos consumidores. Isso pode envolver aspectos como qualidade superior, recursos exclusivos, atendimento excepcional, preço competitivo ou proposta de valor única. O objetivo é criar uma percepção de valor superior e uma conexão emocional com os consumidores, levando-os a escolher e preferir a empresa em relação à concorrência.

É importante ressaltar que a pesquisa contínua e a análise do segmento de mercado são necessárias ao longo do tempo. O mercado e as preferências dos consumidores podem mudar, exigindo que as empresas estejam sempre atentas às mudanças e ajustem suas estratégias de acordo. A pesquisa contínua permite identificar novas oportunidades de diferenciação, monitorar a satisfação dos consumidores e adaptar as estratégias para permanecer relevante e competitivo no mercado.

Em suma, pesquisar e entender o segmento de mercado é fundamental para desenvolver estratégias de marketing eficazes. Identificar necessidades, desejos e oportunidades de diferenciação permite que as empresas se posicionem de forma única e se tornem a opção preferida dos consumidores, conquistando vantagens competitivas e impulsionando o sucesso nos negócios.

O marketing entrega o que o mercado deseja - Após definir o segmento de mercado e desenvolver as estratégias de oferta, o produto ou serviço é lançado no mercado com as características e promessas alinhadas às expectativas dos consumidores. Isso envolve o desenvolvimento e aprimoramento do produto, bem como a comunicação eficaz das suas vantagens e benefícios.

Quando um produto ou serviço atende às expectativas do mercado, ele tem maiores chances de ser aceito pelos consumidores e alcançar o sucesso. Isso significa que ele cumpre com as necessidades, desejos e requisitos identificados na fase de pesquisa e segmentação de mercado.

Ao lançar um produto ou serviço, é importante comunicar claramente as suas características, benefícios e proposta de valor. A mensagem de marketing deve ser direcionada aos consumidores do segmento-alvo, destacando como o produto ou serviço atende às suas necessidades e oferece uma solução diferenciada em relação à concorrência.

Além disso, a entrega da oferta ao mercado deve ser eficiente, garantindo a disponibilidade do produto ou serviço nos canais de distribuição adequados. A estratégia de precificação também desempenha um papel importante, pois o preço deve ser percebido como justo e alinhado com o valor proporcionado pelo produto ou serviço.

Acompanhar a aceitação do produto ou serviço no mercado e obter *feedback* dos consumidores é fundamental. Isso permite que a empresa avalie o desempenho da oferta, faça ajustes, se necessário, e continue a atender às expectativas do mercado ao longo do tempo.

Em resumo, após definir o segmento e as estratégias de oferta, é essencial que o produto ou serviço seja lançado no mercado com características e promessas que atendam às expectativas dos consumidores. A comunicação eficaz, a distribuição adequada e a capacidade de entregar valor ao mercado são elementos-chave para o sucesso da oferta. Este mesmo autor nos traz uma definição mais completa (DRUCKER, 2013, p. 19),

> *"O objetivo do marketing é conhecer e compreender o consumidor tão bem que o produto ou serviço o atendem completamente e, em consequência, vendem-se sozinhos. Idealmente, o marketing deve resultar em um consumidor que está pronto para comprar. Tudo o que é preciso fazer é tornar disponível o produto ou serviço".*

É desejável que o marketing resulte em consumidores prontos para comprar, é importante destacar que o processo de compra e venda não ocorre necessariamente de forma automática ou garantida. A simples disponibilidade de um produto no mercado não garante que os consumidores irão comprá-lo imediatamente.

Embora o marketing desempenhe um papel importante em atrair e influenciar os consumidores, é necessário considerar outros fatores que afetam o processo de compra. Isso inclui a concorrência no mercado, as preferências individuais dos consumidores, o poder de compra, a tomada de decisão e até mesmo fatores externos, como condições econômicas e sociais.

As empresas precisam realizar esforços contínuos para promover, comunicar e persuadir os consumidores sobre os benefícios e o valor da oferta. Isso envolve a criação de mensagens de marketing eficazes, a escolha de canais de distribuição apropriados e o estabelecimento de preços competitivos.

Além disso, o marketing também desempenha um papel fundamental na construção de relacionamentos com os consumidores, o que pode levar à fidelidade à marca e a compras repetidas ao longo do tempo. Isso envolve o desenvolvimento de estratégias de engajamento, atendimento ao cliente de qualidade e a oferta de experiências positivas.

Em resumo, o marketing tem como objetivo influenciar os consumidores e criar demanda para os produtos ou serviços, é importante reconhecer que o processo de compra e venda não é garantido apenas pela presença no mercado. As empresas precisam considerar uma variedade de fatores e implementar estratégias eficazes para incentivar e facilitar o processo de compra pelos consumidores.

Figura 6 - produtos e marcas são indicativos de uma cultura.

Fonte: desenvolvido pelo autor com base em imagens de arquivo

No mercado contemporâneo, altamente competitivo e influenciado pela tecnologia digital, o marketing exige atenção, pesquisa, análise e coragem para tomar decisões assertivas. É um processo complexo e desafiador, mas seguir os passos básicos e desenvolver estratégias sólidas aumenta as chances de sucesso.

Com a presença ubíqua da tecnologia digital, o marketing se tornou fundamental para as empresas. A internet, as redes sociais e outras plataformas digitais mudaram a forma como as pessoas se relacionam com as marcas e consomem produtos e serviços. Isso requer que as empresas estejam presentes e ativas nesses canais, utilizando as ferramentas e estratégias de marketing digital para se conectarem com os consumidores de forma relevante.

Além disso, a tecnologia digital também proporciona acesso a uma quantidade enorme de dados e informações sobre os consumidores. O marketing contemporâneo está cada vez mais orientado por dados, utilizando análises e *insights* para entender o comportamento do consumidor, identificar tendências e ajustar as estratégias de marketing de forma ágil e personalizada.

A personalização e a experiência do cliente tornaram-se aspectos essenciais do marketing contemporâneo. Os consumidores esperam interações personalizadas e relevantes com as marcas, bem como experiências memoráveis em todos os pontos de contato. Isso exige que as empresas adotem abordagens centradas no cliente, ofereçam conteúdo personalizado, atendimento personalizado e jornadas de compra aprimoradas.

Outro aspecto importante é a ênfase no marketing de relacionamento e na fidelização dos clientes. Manter um relacionamento contínuo com os clientes existentes, oferecer suporte pós-venda e incentivar a lealdade à marca são estratégias fundamentais para o sucesso a longo prazo.

Em resumo, o marketing contemporâneo é impactado pela tecnologia digital e exige que as empresas estejam presentes e ativas nesse ambiente. A análise de dados, a personalização, a experiência do cliente e o marketing de relacionamento são elementos essenciais nesse cenário. A compreensão das tendências e a adaptação às mudanças são fundamentais para se manter relevante e obter sucesso no marketing contemporâneo.

MKT 1.0, 2.0, 3.0 e 4.0

É interessante observar a evolução do marketing ao longo do tempo, passando do Marketing 1.0 ao Marketing 2.0 e, finalmente, ao Marketing 3.0. Cada uma dessas fases reflete as mudanças no comportamento do consumidor e nas estratégias de marketing adotadas pelas empresas.

No Marketing 1.0, o foco estava no produto e na produção em massa. As empresas buscavam padronizar e ganhar escala, reduzindo custos ao máximo. A comunicação era unidirecional, da empresa para o consumidor, sem interação ou troca de informações significativas. A qualidade do produto era a principal preocupação das empresas nesse contexto.

Com o surgimento do Marketing 2.0, houve uma mudança de paradigma, colocando o cliente no centro das estratégias de marketing. Os avanços tecnológicos permitiram que os consumidores tivessem acesso a mais informações sobre o mercado, produtos e serviços, o que lhes conferiu maior poder de escolha. Nesse cenário, a segmentação de mercado se tornou crucial, permitindo que as empresas compreendessem melhor as necessidades e desejos dos consumidores e desenvolvessem produtos e serviços mais alinhados com suas expectativas.

No Marketing 2.0, o cliente passou a determinar o valor do produto e o preço que estava disposto a pagar. A interação entre empresa, mercado e cliente ganhou importância, e os profissionais de marketing precisaram estar constantemente atentos às demandas e mudanças de atitude dos consumidores. A criação de uma relação emocional com o cliente se tornou uma estratégia essencial.

Já no Marketing 3.0, o foco se amplia para além do consumidor como indivíduo. As empresas passam a reconhecer os consumidores como seres humanos em sua complexidade e buscam atender não apenas suas necessidades, mas também seus valores e aspirações. Os consumidores passam a exigir que as empresas sejam responsáveis social e ambientalmente, e esperam que elas contribuam para a construção de um mundo melhor.

Nessa fase, a internet e as redes sociais desempenham um papel importante na interação entre empresa e consumidor. Os consumidores geram uma quantidade enorme de dados e informações por meio de suas ações, e as empresas utilizam essas informações para compreender melhor o perfil e as necessidades do segmento de mercado atendido.

Em resumo, o Marketing 1.0 focava no produto e na produção em massa, o Marketing 2.0 colocou o cliente no centro das estratégias de marketing, e o Marketing 3.0 ampliou o foco para os valores e aspirações dos consumidores, além de enfatizar a responsabilidade corporativa. Essas evoluções refletem a crescente importância da personalização, do relacionamento e da responsabilidade social e ambiental nas estratégias de marketing. Confira mais no quadro abaixo

	Marketing 1.0	Marketing 2.0	Marketing 3.0
Objetivo	Vender produtos	Satisfazer e reter consumidores	Transformar o mundo em um lugar melhor
Forças	Revolução Industrial	Tecnologia da informação	Internet
Como as empresas veem o mercado	Compradores em massa	Consumidores com coração e mente	Seres humanos completos
Conceito-chave	Desenvolvimento de produto	Diferenciação	Valores
Proposta de valor	Funcional	Funcional e Emocional	Funcional, emocional e espiritual
Interação com o consumidor	Um para muitos	Um para um	Muitos para muitos

Quadro Eras do Marketing 1.0, 2.0 e 3.0
Fonte: Adaptado de Kotler (2001)

O Marketing 4.0, como proposto por Kotler e outros autores, é uma evolução do marketing que leva em consideração as mudanças trazidas pela transformação digital e o comportamento do consumidor na era digital. Ele reconhece a importância da integração do marketing tradicional com o digital, bem como o foco na personalização, na experiência do cliente e na responsabilidade social e ambiental.

No Marketing 4.0, as empresas buscam estabelecer uma relação mais próxima e intensa com os consumidores, por meio da utilização de tecnologias digitais e da criação de pontos de contato ativos, como aplicativos e jogos eletrônicos. O objetivo é proporcionar uma experiência diferenciada e envolvente ao consumidor, que vai além da simples oferta de produtos e serviços.

Nesse contexto, a Inteligência de Mercado ganha destaque e relevância. Através da análise de dados, monitoramento de tendências e comportamentos, as empresas obtêm *insights* valiosos sobre o mercado, os consumidores e suas preferências. A Inteligência de Mercado permite uma tomada de decisão mais embasada e estratégica, direcionando as ações de marketing de forma eficiente e eficaz.

Ao combinar o conhecimento do mercado e do comportamento do consumidor com as estratégias de marketing adequadas, as empresas podem se adaptar às mudanças do ambiente digital e atender às demandas dos consumidores de forma personalizada, responsável e relevante.

Em resumo, o Marketing 4.0 é uma abordagem que reconhece a importância da integração do marketing tradicional com o digital, focando na personalização, na experiência do cliente e na responsabilidade social e ambiental. A Inteligência de Mercado desempenha um papel fundamental nesse contexto, proporcionando *insights* valiosos para orientar as estratégias de marketing.

Infográfico 1 - as fases do Marketing.

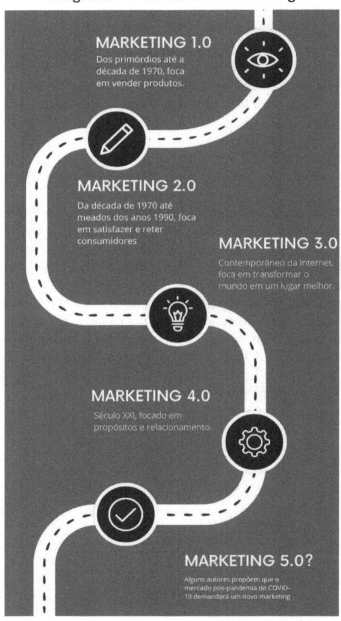

Fonte: desenvolvido pelo autor usando o Canva (www.canva.com)

Fala-se na atualidade também no Marketing 5.0., que surgiu no rastro da Pandemia de COVID-19 e traria mudanças no comportamento do consumidor e na forma como se relaciona com as ofertas e até mesmo com o ambiente digital da Internet. Mas esse é um conceito ainda em debate e definição, por isso optamos por apenas reconhecer a ideia, sem nesse momento aprofundá-la.

Esse conhecimento é essencial para compreender em maior profundidade o papel e impacto da Inteligência de Mercado, o que será tratado no próximo capítulo.

2. Compreendendo a Inteligência de Mercado

O filme norte-americano "Air: a história por trás do logo", de 2022, conta em detalhes – com a devida e esperada romantização – o processo que fez com que a marca de produtos esportivos Nike, até então uma marca menor, se tornasse a referência e líder em muitos mercados.

Figura 1 - Nike Air foi o tênis que alavancou a marca em nível mundial.

Fonte: OX Street/Pexels, disponível em https://images.pexels.com/photos/6050920/pexels-photo-6050920.jpeg Acesso em 05/2023

A grande curiosidade do filme gira em torno da decisão de contratar e trabalhar com um então novato no basquete, mas que era visto com potencial pelo dono da marca: Michael Jordan, desenvolvendo um tênis para basquete que levasse seu nome e representasse seu estilo.

O jogador cresceu, ganhou títulos, se tornou uma lenda do esporte conhecida por todas as gerações, e o tênis Nike Air Jordan se tornou um clássico, uma referência desejada e procurada – e cujas unidades originais valem fortunas em leilões.

Mas por que apostar no basquete? Era, e ainda é, um dos esportes mais populares e com maior audiência e público. E trazer um jogador novato com potencial mostra a capacidade de analisar e conhecer um mercado tão caro e importante aos empreendedores.

...

Com a ascensão do marketing digital, as empresas têm a oportunidade de se conectar diretamente com os consumidores por meio das mídias sociais, *sites*, aplicativos e outras plataformas digitais. Isso permite que elas coletem dados valiosos sobre o comportamento do consumidor e personalizem suas estratégias de marketing de acordo com suas preferências e necessidades individuais.

Além disso, o marketing contemporâneo está cada vez mais voltado para a criação de experiências significativas para os consumidores. Não se trata apenas de vender um produto ou serviço, mas de envolver os clientes em uma jornada que os faça se sentirem valorizados e parte de uma comunidade.

A personalização é fundamental nesse contexto, pois os consumidores esperam que as empresas reconheçam suas preferências individuais e ofereçam recomendações e ofertas personalizadas. Isso requer o uso inteligente dos dados coletados, o desenvolvimento de estratégias de segmentação eficazes e a implementação de tecnologias que facilitem a entrega de experiências personalizadas em escala.

Outra tendência importante é o marketing de influência, no qual as marcas se associam a influenciadores digitais para promover seus produtos e serviços. Essa abordagem busca aproveitar o poder da influência e da confiança que os influenciadores têm sobre suas audiências, visando alcançar um público mais amplo e estabelecer uma conexão autêntica com os consumidores.

Além disso, a responsabilidade social e ambiental tem se tornado uma preocupação cada vez mais relevante para as empresas e consumidores. Os consumidores estão valorizando marcas que demonstram comprometimento com causas sociais e sustentabilidade, e esperam que as empresas adotem práticas éticas e responsáveis.

Em suma, o marketing contemporâneo está sendo moldado pela tecnologia digital, pelo foco na personalização, pela colaboração com influenciadores e pela responsabilidade social e ambiental. As empresas que conseguem se adaptar a essas tendências e criar estratégias de marketing eficazes nesse novo ambiente têm maiores chances de sucesso e prosperidade.

Figura 2 - empresas nativas da internet mudam os formatos e padrões em muitos mercados.

Fonte: BrazilJournal, disponível em https://braziljournal.com/as-marcas--nativas-digitais-estao-bombando-a-merama-quer-montar-uma-colecao/ Acesso em 05/2023

O marketing é realmente uma área fundamental para as empresas, pois permite compreender e atender às necessidades e desejos dos consumidores, além de posicionar a empresa de forma estratégica no mercado.

Compreender e analisar o mercado é fundamental para o sucesso de uma empresa ou organização. A Inteligência de Mercado desempenha um papel crucial nesse processo, fornecendo informações e *insights* que orientam as estratégias e decisões de negócios.

A Inteligência de Mercado envolve a coleta, análise e interpretação de dados relevantes sobre o mercado, concorrentes, consumidores, tendências e oportunidades. Essas informações são obtidas por meio de diversas fontes, como pesquisas de mercado, análise de dados, monitoramento de tendências, entrevistas com clientes e análise da concorrência.

Com base nos dados e *insights* coletados, a Inteligência de Mercado ajuda a identificar oportunidades de mercado, entender as necessidades e preferências dos consumidores, avaliar a concorrência e antecipar tendências. Isso permite que as empresas desenvolvam estratégias mais eficazes, melhorem seus produtos e serviços, identifiquem segmentos de mercado promissores e tomem decisões informadas.

Além disso, a Inteligência de Mercado ajuda a monitorar o desempenho das estratégias de marketing e identificar possíveis ajustes ou melhorias. Ela fornece uma visão holística do mercado e permite que as empresas tomem decisões mais embasadas e estratégicas.

No contexto atual, em que a tecnologia e a digitalização desempenham um papel fundamental, a Inteligência de Mercado se beneficia de ferramentas avançadas, como análise de *big data*, inteligência artificial e aprendizado de máquina. Essas tecnologias permitem uma análise mais rápida e precisa dos dados, fornecendo *insights* valiosos em tempo real.

Em resumo, a Inteligência de Mercado é essencial para compreender o mercado, antecipar tendências, conhecer os concorrentes e atender às necessidades dos consumidores. Ela permite que as empresas tomem decisões mais informadas e estratégicas, impulsionando o sucesso e a competitividade nos negócios.

Como mencionado anteriormente, o marketing é centrado nas pessoas, em seus desejos, necessidades e comportamentos. Desde a pessoa que atende ao telefone até o motorista da empresa, todos têm um papel na imagem que a empresa transmite ao mercado. As decisões sobre como colocar os produtos, executar os serviços, desenvolver o atendimento ao cliente e planejar a comunicação são tomadas a partir das orientações de marketing.

É necessário que o marketing contemporâneo tenha uma visão ampla, holística e de 360 graus, mas sempre baseada nos objetivos, metas e posicionamento da empresa, marca, produto ou serviço no mercado. Os profissionais de gestão, mesmo que envolvidos em outras áreas, devem conhecer profundamente os preceitos, orientações e planejamento de marketing para aplicá-los em todas as áreas da empresa e gerar percepções positivas e resultados desejados.

Além disso, a inteligência de mercado desempenha um papel crucial no contexto do marketing contemporâneo. Ela permite que as empresas obtenham informações valiosas sobre o mercado, os concorrentes e os consumidores. Ao analisar esses dados, as empresas podem tomar decisões mais embasadas e direcionar suas estratégias de marketing de forma mais eficiente.

A inteligência de mercado envolve não apenas a coleta e análise de dados, mas também a interpretação e comunicação dessas informações de forma clara e objetiva para os tomadores de decisão da empresa. Com base nos *insights* obtidos por meio da inteligência de mercado, as empresas podem identificar tendências emergentes, antecipar as necessidades dos consumidores, segmentar o mercado de forma mais precisa, identificar oportunidades de crescimento e diferenciar-se da concorrência.

Além disso, a inteligência de mercado também permite monitorar o desempenho das estratégias de marketing, avaliar a eficácia das campanhas e ajustar as ações conforme necessário. Dessa forma, as empresas podem maximizar seus recursos, otimizar seus investimentos em marketing e alcançar melhores resultados.

Em resumo, o marketing e a inteligência de mercado estão intrinsecamente ligados, sendo essenciais para as empresas se adaptarem às mudanças do mercado, atenderem às expectativas dos consumidores e alcançarem o sucesso em um ambiente altamente competitivo. Ao aproveitar as informações fornecidas pela inteligência de mercado, as empresas podem tomar decisões estratégicas mais embasadas, impulsionar sua vantagem competitiva e alcançar resultados positivos em suas iniciativas de marketing.

Marketing e Inteligência de Mercado

O marketing evoluiu ao longo dos anos e agora desempenha um papel central nas empresas, com foco na construção de relacionamentos duradouros e satisfatórios com os consumidores.

As empresas já não se concentram apenas na produção e comercialização de produtos e serviços, mas sim na busca por soluções que atendam às necessidades dos consumidores e agreguem valor em suas vidas. O objetivo principal do marketing é estabelecer relações comprometidas entre os clientes e as empresas, buscando criar vínculos de confiança e benefícios mútuos.

Para alcançar esse objetivo, o marketing deve realizar uma investigação e análise do mercado, identificando oportunidades e verificando a validade dos projetos e objetivos estabelecidos. Com base nessas informações, a empresa pode desenvolver estratégias concretas e efetivas que promovam a satisfação do cliente.

Além disso, o marketing deve agregar valor à marca, gerando estima e expectativas positivas nos consumidores em relação aos produtos ou serviços oferecidos. Isso requer uma abordagem holística, com o marketing atuando em todas as áreas da empresa, direcionando esforços e atividades para alcançar a conquista do mercado por meio da satisfação do cliente.

O planejamento estratégico das empresas passa a incorporar diretamente o marketing, observando e monitorando o mercado e ajustando os esforços de oferta da empresa para gerar relacionamentos positivos e duradouros. Isso inclui a análise e formatação dos 4Ps do marketing – produto, preço, praça e promoção – em busca de oportunidades de diferenciação e satisfação.

Além disso, o marketing deve analisar o comportamento do consumidor, tanto dentro quanto fora do ponto de venda, para compreender os fatores que influenciam o processo de decisão de compra e consumo. É necessário monitorar o mercado, identificar ameaças e oportunidades, e aproveitar as forças e fraquezas da empresa para obter vantagens competitivas.

Por fim, o marketing planeja e implementa ações e comunicações que envolvem o consumidor, buscando conquistá-lo e gerar sensações positivas em relação à marca ou produto. O marketing está presente em todas as etapas de desenvolvimento e oferta de produtos e serviços, guiando o direcionamento estratégico da empresa para o mercado.

Resumindo, o marketing é uma área essencial para as empresas, envolvendo pesquisa, segmentação de público, planejamento, gerenciamento do composto de marketing, implementação de ações, monitoramento de resultados e ajustes estratégicos. Ele desempenha um papel integrado em todas as áreas da empresa, direcionando esforços em relação aos objetivos e metas estabelecidos.

Figura 3 - diversos comportamentos e diversas tendências coexistem no mercado.

Fonte: desenvolvido pelo autor com apoio do Crayon (www.crayon.com)

O marketing atual se concentra cada vez mais nas pessoas, sejam elas consumidores dos produtos e serviços ou membros da própria organização. O marketing evoluiu do foco no produto (marketing 1.0) para o foco no cliente (marketing 2.0) e, mais recentemente, para o foco nos valores e na sustentabilidade (marketing 3.0).

A mudança no marketing foi impulsionada pela transformação do mercado e do comportamento do consumidor. Os consumidores agora buscam mais do que apenas produtos de qualidade, eles valorizam aspectos como responsabilidade social e ambiental das empresas. Esses elementos se tornaram obrigatórios para as empresas que desejam conquistar e manter a confiança e preferência dos consumidores.

A tecnologia desempenhou um papel fundamental nessa evolução, tornando mais fácil e acessível para as empresas acessar informações sobre o que os consumidores estão falando e pensando. Nas plataformas digitais, os consumidores geram uma quantidade enorme de dados e informações sobre suas preferências e comportamentos. Isso possibilitou o surgimento do conceito de *big data*, que consiste no armazenamento e análise desses dados para obter *insights* valiosos para o marketing.

A cocriação também se tornou uma tendência importante no marketing contemporâneo. Os consumidores são trazidos para o processo de criação, desenvolvimento e aprimoramento de produtos e serviços, mesmo que de forma involuntária. Suas opiniões e interações com a marca são valorizadas e consideradas na tomada de decisões.

O sucesso no mercado atual depende do profundo conhecimento do público-alvo e do segmento de mercado que a empresa deseja atender. Em um ambiente de concorrência acirrada e mensagens de marketing abundantes, é fundamental entender o que atrai a atenção e motiva a ação dos consumidores. Compreender seus gostos, motivações, comportamentos, conversas e porquês é essencial para o marketing contemporâneo.

Essas informações podem ser provenientes de diversas fontes, como processos internos da empresa, setores específicos como Finanças e Marketing, e o próprio mercado. A Inteligência de Mercado ajuda na tomada de decisões mais informadas e embasadas, contribuindo para o sucesso das empresas.

Com uma boa estratégia de I.M., a empresa pode:

- agir e reagir rapidamente a problemas e ameaças;
- aprender com os seus erros e os da concorrência;
- identificar, e reagir, a ameaças e oportunidades;
- verificar tendências e inovações;
- identificar novos entrantes;

- gerar ações e promoções rapidamente;
- compreender profundamente o mercado.

A Inteligência de Mercado pode ser estruturada como um setor ou departamento dentro da empresa, responsável por coletar, organizar e analisar dados e informações relevantes para a tomada de decisões. No entanto, também é possível que essa função seja distribuída em diferentes departamentos, com responsáveis pela captação e análise de informações em suas respectivas áreas de atuação.

Independentemente da forma como é estruturada, a Inteligência de Mercado deve abranger todas as áreas em que a empresa atua, assim como diversas fontes de informação externas. Isso envolve monitorar o mercado, analisar concorrentes, acompanhar as tendências do setor, captar as demandas e comportamentos dos consumidores, entre outras atividades.

Ao realizar uma Inteligência de Mercado eficaz e aprofundada, a empresa obtém um panorama claro e preciso de sua situação, bem como dos desafios e oportunidades do mercado. Isso permite que a empresa tome decisões mais embasadas, antecipe-se a possíveis ameaças e seja ágil na identificação e aproveitamento de oportunidades.

Uma Inteligência de Mercado bem aplicada contribui para uma empresa proativa, capaz de reagir de forma rápida e eficaz às mudanças e demandas do mercado. Ela proporciona processos internos mais precisos e organizados, permitindo uma melhor alocação de recursos, desenvolvimento de estratégias mais eficientes e maximização dos resultados.

Portanto, investir na Inteligência de Mercado é fundamental para garantir uma gestão mais informada, assertiva e competitiva, capaz de enfrentar os desafios e se destacar no mercado.

Inteligência de Mercado ou Inteligência Competitiva?

O marketing opera em um ambiente competitivo e em constante mudança, onde é necessário monitorar e analisar as variáveis que afetam os negócios. Essas variáveis podem incluir a concorrência direta e indireta, as preferências e objetivos dos consumidores, as mudanças no ambiente social, econômico e tecnológico, entre outros fatores.

Através da Inteligência de Mercado, a empresa pode realizar uma análise sistemática do ambiente competitivo, identificando oportunidades e ameaças que possam impactar sua performance. Isso envolve monitorar a concorrência, analisar suas estratégias, identificar tendências de mercado, avaliar a satisfação e as necessidades dos clientes, e estar atento às mudanças e inovações no setor em que atua.

Compreender essas variáveis e realizar uma análise e monitoramento contínuos do ambiente de marketing é fundamental para tomar decisões informadas e estratégicas. Essa análise permite identificar oportunidades de aprimoramento nos processos da empresa, agilizar operações, ampliar o mercado, melhorar a qualidade dos produtos ou serviços e, consequentemente, obter resultados positivos.

Além disso, a análise do ambiente de marketing também contribui para encontrar formas diferenciadas de atrair, reter e fidelizar os clientes. Ao entender as necessidades e preferências do mercado-alvo, a empresa pode criar estratégias personalizadas, desenvolver produtos ou serviços que atendam a essas demandas e comunicar-se de maneira eficaz com o público-alvo. Isso gera percepções de valor positivas e construtivas, fortalecendo a posição da empresa diante da concorrência.

Portanto, a Inteligência de Mercado desempenha um papel fundamental na monitoração e análise do ambiente competitivo dos negócios da empresa, permitindo tomar decisões mais embasadas e estratégicas, identificar oportunidades de crescimento e gerar resultados positivos. É uma atividade contínua e essencial para o sucesso e a sustentabilidade das empresas no mercado. Assim, é possível saber quase instantaneamente, dentre outras coisas:

- Como estão as vendas de um produto ou serviço;
- Verificar participação de mercado;
- Analisar preços, promoções e condições de venda;
- Verificar as percepções do mercado em relação à marca;
- Verificar as condições e vendas da concorrência;
- Identificar e analisar tendências;
- Monitorar ameaças e reagir.

A dinâmica da competição empresarial impulsiona o marketing a estar em constante evolução e adaptação às demandas e exigências do mercado. A busca pela construção, validação e avaliação permanente de estratégias competitivas é essencial para que as empresas se destaquem e se mantenham relevantes em um ambiente cada vez mais competitivo.

À medida que o mercado e as preferências dos consumidores mudam, é necessário que o marketing esteja preparado para antecipar essas mudanças e se direcionar de forma proativa. Isso envolve identificar tendências emergentes, acompanhar as novas tecnologias e canais de comunicação, compreender as necessidades e desejos dos consumidores e adaptar as estratégias de marketing de acordo.

Além disso, a validação e avaliação contínua das estratégias competitivas são fundamentais para verificar sua eficácia e fazer ajustes quando necessário. O marketing precisa analisar os resultados das ações implementadas, medir o retorno sobre o investimento, monitorar o *feedback* dos clientes e realizar pesquisas de mercado para garantir que as estratégias estejam alcançando os objetivos estabelecidos.

É importante ressaltar que a transformação do marketing ocorre tanto no nível estratégico quanto no operacional. A área de marketing deve se adaptar às mudanças tecnológicas, às novas formas de interação e comunicação com os consumidores, à crescente importância do marketing digital e ao uso de dados e análises para embasar as decisões.

Dessa forma, o marketing continua a evoluir como uma disciplina em constante transformação, impulsionado pela necessidade de se destacar em um mercado competitivo. A construção, validação e avaliação permanentes de estratégias competitivas são fundamentais para o sucesso das empresas e para sua capacidade de se adaptar e prosperar no ambiente empresarial em constante mudança.

Assim, é importante compreender de forma clara e específica o que se trata da Inteligência Competitiva, onde encontramos:

> *"Inteligência competitiva (IC) é um processo sistemático e ético, ininterruptamente avaliado de identificação, coleta, tratamento, análise e disseminação da informação estratégica para a empresa, viabilizando seu uso no processo decisório" (GOMES; BRAGA, 2001)*

Em mesmo sentido, trazemos outra definição de I.M., mas que se coloca e reforça o mesmo sentido anteriormente construído:

"IM pode ser traduzida como um processo de monitoramento do ambiente competitivo, que permite às companhias, independente de seu porte, tomar decisões sobre seus ambientes internos e externos para definição de estratégias empresariais de longo prazo. Assim, baseados em boas informações e análises, os gestores poderão desenvolver mais facilmente estratégias competitivas, posicionando-se com mais efetividades frente à concorrência, e poderão oferecer melhores propostas de valor aos clientes com base nos pontos fortes e fracos dos concorrentes". (CAMALIONTE, FONTES, 2001, p. 27)

Tanto a Inteligência de Mercado (IM) quanto a Inteligência Competitiva (IC) compartilham uma abordagem semelhante em relação à coleta, análise e utilização de dados e informações para apoiar a tomada de decisões estratégicas nas empresas. Ambas buscam fornecer *insights* valiosos sobre o mercado, concorrência, clientes e tendências, permitindo que as empresas se posicionem de maneira mais eficaz e competitiva.

Ao alimentar as empresas com dados e informações tratadas, analisadas e sistematizadas, a IM e a IC possibilitam uma visão mais clara e abrangente do ambiente empresarial. Isso permite a detecção precoce de desvios e problemas, bem como a identificação de tendências e mudanças no mercado, proporcionando uma vantagem competitiva significativa.

Por meio da IM e da IC, as empresas podem monitorar a concorrência, acompanhar as preferências e comportamentos dos clientes, identificar oportunidades de mercado, antecipar ameaças e tomar decisões mais informadas e estratégicas. Essas abordagens ajudam as empresas a se adaptarem às mudanças do mercado e a se prepararem para atender às demandas dos clientes, mantendo-se à frente da concorrência.

Portanto, a combinação da IM e da IC permite que as empresas tenham uma compreensão mais aprofundada do ambiente empresarial, aumentando sua capacidade de responder de forma ágil e eficiente às mudanças e desafios do mercado. Essa vantagem competitiva contribui para o sucesso e crescimento sustentável das empresas no cenário empresarial em constante evolução.

Figura 4 - as interseções que formam a Inteligência Competitiva.

Fonte: desenvolvido pelo autor no Canva (www.canva.com)

Tanto a Inteligência de Mercado (IM) quanto a Inteligência Competitiva (IC) desempenham um papel fundamental na transformação de informações difusas em dados específicos e detalhados sobre o público-alvo e o mercado em geral. Essas informações são essenciais para o desenvolvimento de estratégias de marketing mais direcionadas e eficazes.

Por meio da IM e da IC, é possível coletar e analisar uma variedade de dados, como preferências, comportamentos, necessidades, motivações e características demográficas do público-alvo. Esses dados podem ser usados para criar personas detalhadas, que são representações fictícias de clientes ideais com base em informações reais.

As personas ajudam as empresas a entender melhor o seu público-alvo, permitindo que sejam criadas estratégias de marketing mais personalizadas e direcionadas. Ao ter uma compreensão profunda das características e necessidades do público-alvo, as empresas podem adaptar seus produtos, serviços, mensagens de marketing e canais de comunicação para atender às expectativas específicas dos clientes.

Além disso, as personas também auxiliam no desenvolvimento de campanhas publicitárias mais eficientes, na criação de conteúdo relevante e na definição de tom de voz e estilo de comunicação que ressoem com o público-alvo. Isso aumenta as chances de engajamento, fidelização e conversão de clientes.

Portanto, a IM e a IC desempenham um papel crucial ao transformar informações difusas sobre o público-alvo em dados detalhados e específicos, permitindo que as empresas tomem decisões mais informadas e embasadas em relação ao desenvolvimento de estratégias de marketing e atendimento às demandas do mercado.

> **FIQUE ATENTO**
>
> Persona é uma técnica muito utilizada no Marketing e em processos de gestão em geral para segmentação de mercado, onde são "desenhados" personagens fictícios com características, formações, expectativas, rotinas etc. que representam um ou mais de um grupo de consumidores de uma empresa ou produto, ofertando assim elementos mais seguros para decisões de gestão, de marketing, de vendas, e afins. Com a Persona, ao invés de relacionarmos nossas estratégias com um público difuso, estamos falando com "pessoas" que poderiam ser reais, e assim podem ser compreendidas, acompanhadas, monitoradas, e atendidas pelas ações da empresa.

A Inteligência de Mercado tem uma ampla aplicação em diversas áreas e setores, não se limitando apenas aos negócios. Ela pode ser utilizada em uma variedade de contextos para coletar, analisar e interpretar dados, fornecendo *insights* valiosos e embasando a tomada de decisões.

No exemplo mencionado, a análise da lotação e circulação de ônibus por meio da IM pode ajudar a identificar padrões de demanda, identificar horários de pico e ajustar os horários e itinerários dos ônibus para melhor atender às necessidades dos passageiros. Além disso, também pode ser útil para subsidiar decisões sobre tarifas, considerando fatores como oferta e demanda, perfil dos usuários e custos operacionais.

Da mesma forma, a análise do movimento de postos de saúde por meio da IM pode auxiliar na identificação de necessidades específicas, como a demanda por medicamentos ou a oferta de especialidades médicas. Com base nas informações coletadas e analisadas, é possível tomar decisões mais informadas e direcionar recursos de forma mais eficiente, garantindo um atendimento adequado às necessidades da população.

Esses são apenas alguns exemplos de como a Inteligência de Mercado pode ser aplicada em diferentes situações cotidianas, independentemente do setor ou área de atuação. A coleta e análise de dados são essenciais para compreender as demandas, identificar oportunidades e tomar decisões embasadas em uma ampla variedade de contextos.

A I.M. traz em seu contexto e aplicação muitas vantagens para a empresa, entre as quais:

- Identificar novas oportunidades no mercado;
- Monitorar suas ações e as ações dos concorrentes;
- Identificar novas tendências de mercado;
- Compreender o consumidor, suas necessidades, seus desejos, seu cotidiano e suas formas de agir;
- Identificar fontes de receita e de despesa;
- Organizar processos financeiros;
- Aprimorar a produção e a logística, por exemplo;
- Observar pontos de excelência e de melhoria;
- e mais.

Definir objetivos claros é essencial para direcionar a aplicação da Inteligência de Mercado e garantir que os esforços estejam alinhados com as necessidades da empresa. Os indicadores escolhidos serão fundamentais para monitorar e avaliar o desempenho em relação aos objetivos estabelecidos.

No exemplo do declínio nas vendas de uma linha de produtos, a utilização da Inteligência de Mercado pode ser muito útil para identificar as razões por trás dessa tendência. Através da coleta e análise de dados, é possível obter informações sobre as preferências e percepções dos consumidores em relação ao produto. Com base nesses *insights*, a empresa pode tomar decisões estratégicas, como desenvolver ações de marketing para melhorar a imagem e a percepção do produto ou considerar a descontinuação da linha e o desenvolvimento de novos produtos que atendam às demandas do mercado.

No caso da área de Finanças, a Inteligência de Mercado pode auxiliar na análise e previsão dos impactos financeiros decorrentes de eventos como o dissídio de uma categoria. Através da análise de dados relacionados a salários, encargos sociais e outros fatores, é possível realizar projeções financeiras mais precisas e tomar medidas para garantir a disponibilidade de recursos necessários, como a preparação do caixa para cumprir com as obrigações trabalhistas.

Dessa forma, a Inteligência de Mercado pode ser aplicada em diferentes áreas da empresa, auxiliando na tomada de decisões estratégicas, na identificação de oportunidades e ameaças, e na otimização dos recursos disponíveis. A coleta e análise de informações relevantes permitem que a empresa esteja mais preparada para lidar com os desafios do mercado e alcançar seus objetivos de forma mais eficiente.

Figura 5 - a I.M. tem vários processos e caminhos.

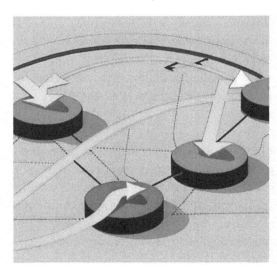

Fonte: desenvolvido pelo autor no Canva (www.canva.com)

A Inteligência de Mercado pode ser aplicada tanto para identificar oportunidades de suprir aumentos de caixa previstos, como no exemplo do setor de finanças, quanto para prever e planejar a demanda de vendas de uma linha de produtos ligada a uma data festiva anual.

No primeiro caso, a análise do fluxo de receitas e de produção pode identificar períodos em que há um aumento sazonal nas vendas e, a partir disso, ações promocionais podem ser desenvolvidas para impulsionar o volume de vendas nesses momentos específicos. Isso permite que a empresa tenha uma reserva de caixa financeiro para suprir as necessidades futuras.

No segundo caso, a utilização da Inteligência de Mercado permite captar e analisar dados históricos de vendas, bem como informações gerais da economia e outros indicadores relevantes. Essa análise possibilita fazer previsões de demanda de vendas para o ano em questão, o que tem impacto em diversos aspectos do negócio, como compra de matéria-prima, organização da produção e logística, gestão de pessoal, entre outros. Dessa forma, a empresa pode se preparar de maneira mais eficiente para atender à demanda esperada.

É importante ressaltar que a Inteligência de Mercado não se restringe apenas ao ambiente externo da empresa. Ela também desempenha um papel fundamental na análise e melhoria dos processos internos, garantindo que a empresa alcance os melhores resultados. Ao ser bem aplicada e organizada, a Inteligência de Mercado permeia todos os setores e áreas da empresa, fornecendo *insights* valiosos para a análise e tomada de decisões em todos os momentos. Essa abordagem abrangente contribui para fortalecer o ciclo de atividades e impulsionar a gestão estratégica da empresa.

Em suma, a Inteligência de Mercado tem o potencial de impactar positivamente todos os aspectos do negócio, fornecendo informações cruciais para orientar ações estratégicas, impulsionar o crescimento e garantir a vantagem competitiva da empresa.

Marketing Estratégico: a Inteligência de Mercado aplicada ao planejamento

O Marketing Estratégico desempenha um papel fundamental no planejamento das ações da empresa para o mercado, enquanto o Marketing Operacional executa as atividades diárias para alcançar os objetivos e metas estabelecidos.

O Marketing Estratégico está na fase inicial dos processos da empresa, em que são delineados o mercado-alvo e a compreensão do produto pelos clientes. Ele é responsável por definir e listar as ações necessárias para atrair clientes e manter a empresa, produtos e serviços no mercado. Esse planejamento é fundamental para orientar todos os setores da empresa e garantir que as ações estejam alinhadas com os objetivos e metas estabelecidos dentro de um período de tempo determinado.

No Marketing Estratégico, são definidos os como, onde, quando, por que e quais canais a empresa utilizará para atingir seus objetivos e cumprir as metas estabelecidas. Esse processo envolve o estabelecimento de metas claras e realistas, o desenvolvimento de estratégias e táticas, a previsão, análise e correção de falhas, a proposição de novas ações e o monitoramento contínuo dos resultados.

O Marketing Estratégico proporciona uma compreensão profunda de como a empresa funciona, como o mercado opera, quem são os clientes, como eles se comportam, como compram e o que desejam ou necessitam. Essa compreensão é essencial para identificar oportunidades, desenvolver estratégias eficazes e posicionar a empresa de forma competitiva no mercado.

É importante ressaltar que o foco do Marketing Estratégico está no médio e no longo prazo, enquanto o Marketing Operacional lida com as demandas do dia a dia. Enquanto o Marketing Operacional se concentra em resolver questões cotidianas, o Marketing Estratégico estuda, analisa, verifica e compreende as demandas atuais e em desenvolvimento, direcionando a empresa para o futuro, com o objetivo de se manter e crescer no mercado.

Portanto, o Marketing Estratégico desempenha um papel crucial na definição da direção da empresa, na alocação de recursos, na identificação de oportunidades e na criação de vantagem competitiva, enquanto o Marketing Operacional se concentra na implementação e execução das ações planejadas. Ambos são essenciais para o sucesso de uma empresa, trabalhando em conjunto para alcançar os resultados desejados.

> **Reflita ...**
> Marketing é um conceito bastante amplo e, infelizmente, muitas vezes impreciso. Por isso muitas vezes a noção da M.E. pode parecer estranha, pois a raiz, a essência do marketing é trabalhar as estratégias. Mas lembre-se: O Marketing cresceu, se desenvolveu, ganhou relevância e novas características na contemporaneidade, ampliando seu espaço de atuação e influência nas empresas. Assim, citar M.E. é falar do Marketing aplicado à projeção, aos cenários, ao futuro da empresa, passando ao largo das questões operacionais.

O M.E. abarca todas as áreas da empresa: produção, vendas, logística, R.H., atendimento, suporte etc., para que as formas de atuação sejam observadas, as necessidades do mercado identificadas, e assim a empresa possa direcionar seus esforços.

Figura 6 - o planejamento é necessário em várias atividades humanas.

Fonte: Patrick Case/Pexels Disponível em https://images.pexels.com/photos/3687021/pexels-photo-3687021.jpeg Acesso em 05/2023

O M.E. irá começar se focando em algumas questões básicas, essenciais:

- Segmentação – quem são os consumidores? Como se comportam? O que necessitam? O que desejam? Como querem ser atendidos?
- Posicionamento – de que forma a empresa se colocará no mercado? Como irá abordar o mercado? Como construirá uma imagem positiva? Como se destacará em relação à concorrência? Como fará com que sejam observadas as vantagens que oferece?
- Planejamento – organização das ações e atividades a serem levadas a efeito para que os objetivos sejam cumpridos;
- Ações – como fazer com que a empresa atue, faça acontecer.

A partir daí estabelece-se o planejamento geral, e a empresa começa a se direcionar para que tudo aconteça.

A Inteligência de Mercado desempenha um papel fundamental no Marketing Estratégico. Como você mencionou, em todas as etapas do processo do Marketing Estratégico, a Inteligência de Mercado está presente como um elemento de apoio essencial.

Na análise de cenários, a Inteligência de Mercado fornece dados e informações relevantes sobre o mercado, a concorrência, as tendências do setor e as preferências dos clientes. Isso permite que o Marketing Estratégico compreenda o ambiente externo e identifique oportunidades e ameaças que possam influenciar nas decisões estratégicas da empresa.

Além disso, a Inteligência de Mercado ajuda na detecção de oportunidades de mercado, por meio da análise de dados e informações sobre as demandas dos clientes, as necessidades não atendidas e as tendências emergentes. Isso permite que o Marketing Estratégico desenvolva estratégias e ações direcionadas para capturar essas oportunidades e ganhar vantagem competitiva.

A projeção de mercado também se beneficia da Inteligência de Mercado, pois essa prática utiliza dados e informações históricas, tendências e previsões para estimar o tamanho do mercado, a demanda futura e as preferências dos clientes. Isso auxilia o Marketing Estratégico na definição de metas e objetivos realistas e na alocação de recursos adequados para atingir essas projeções.

Além disso, a Inteligência de Mercado desempenha um papel importante na verificação e teste das estratégias do Marketing Estratégico. Através da coleta de dados e informações, é possível avaliar o desempenho das ações implementadas, identificar possíveis desvios ou problemas, e fazer ajustes necessários para garantir o sucesso das estratégias.

Em resumo, a Inteligência de Mercado e o Marketing Estratégico são duas áreas que se relacionam e se complementam no contexto empresarial. A Inteligência de Mercado fornece os *insights* e informações necessárias para embasar as decisões estratégicas, enquanto o Marketing Estratégico utiliza essas informações para definir objetivos, elaborar estratégias e tomar decisões orientadas para o futuro da empresa. Juntas, essas duas disciplinas impulsionam a empresa em direção ao sucesso no mercado.

3.O ciclo de Inteligência de Mercado

O filme "Mensagem para você" (EUA, 1998) os personagens dos protagonistas Tom Hanks e Meg Ryan se apaixonam trocando mensagens por e-mail. Não por coincidência, os *notebooks* de ambos são da Apple, e a conexão do então maior provedor de acesso dos EUA, AOL – America On Line. Por quê?

Porque a inserção da marca como parte da trama, também chamada de *"Product Placement"*, é uma forma de propaganda da marca que traz muito resultados junto ao público – não raro mais do que a propaganda tradicional em meios eletrônicos e digitais.

Figura 1 - cena do filme "Mensagem para você".

Fonte: Cinemação, disponível em https://cinemacao.com/2014/12/26/critica-mensagem-para-voce/ Acesso em 05/2023

E a Apple é pródiga nessas ações, ao ponto de uma lenda dizer que no seriado "Super Vicky" a protagonista usava um *notebook* identificado como uma Pêra como logotipo para fazer referência indireta à marca. Da mesma forma, é comum vermos equipamentos da Dell em séries de ação e carros da Chevrolet em filmes e séries de espionagem como "007" e "24 horas", e outros. Ou você acha que o protagonista da série ou filme policial para num "Dunkin' Donuts" para pegar café e rosquinhas por acaso?

Veja que cada título se direciona a públicos específicos, e para isso é preciso conhecer em detalhes o mercado da marca e do produto, seu foco, a imagem que deseja projetar, e mais. E isso se constrói com extensas pesquisas e análises e, claro, todos os envolvidos nos processos de mercado precisam saber e estar conscientes e integrados a este planejamento.

...

Ao lançar uma nova modalidade de atendimento ao cliente em uma empresa de serviços financeiros, é crucial compreender o mercado em relação a esse novo serviço.

Para começar, é fundamental analisar a concorrência e identificar se já existe uma modalidade similar oferecida por outras empresas. Caso exista, é necessário investigar o nível de preços praticado por esses concorrentes e a rentabilidade gerada com esse tipo de serviço. Essas informações ajudarão a definir a estratégia de precificação e a estabelecer uma proposta de valor competitiva.

Por outro lado, se a concorrência ainda não oferece uma modalidade semelhante, é importante investigar o motivo. Será que há barreiras de entrada ou desafios específicos nesse segmento de mercado? Compreender as razões pelas quais a concorrência ainda não atua nesse nicho pode fornecer *insights* valiosos para a estratégia de lançamento do novo serviço.

Além disso, é necessário avaliar o potencial de mercado dessa nova modalidade de atendimento. Quem seria o público-alvo desse serviço? Qual é o perfil desses clientes em termos de necessidades, preferências e comportamentos? Compreender o segmento de mercado a ser atendido ajudará na definição da proposta de valor e na criação de estratégias de marketing direcionadas.

Outro aspecto importante é a percepção desse público em relação ao novo serviço. É preciso compreender como os clientes em potencial veem essa modalidade de atendimento, quais são suas expectativas e quais benefícios eles esperam receber. Essas informações são fundamentais para o desenvolvimento de uma estratégia de comunicação eficaz, que transmita os valores e vantagens do novo serviço.

Portanto, ao aplicar a Inteligência de Mercado nesse contexto, é possível obter dados e informações relevantes sobre a concorrência, o mercado, o público-alvo e a percepção dos clientes. Essas informações embasarão as decisões estratégicas relacionadas ao lançamento da nova modalidade de atendimento, permitindo que a empresa planeje, implemente e ajuste suas ações de forma mais eficiente e direcionada, buscando maximizar os resultados e a satisfação do cliente.

Figura 2 - todo serviço ao mercado demanda dados para sua gestão.

Fonte: Tima Miroshnichenko/Pexels, disponível em https://images.pexels.com/photos/6693661/pexels-photo-6693661.jpeg Acesso em 05/2023

A Inteligência de Mercado não se limita apenas ao monitoramento do mercado externo e da concorrência. É igualmente essencial olhar para dentro da empresa e analisar seus processos internos, procedimentos e formas de atuação. Essa análise interna permite identificar oportunidades de melhoria e alcançar melhores resultados.

Ao acionar o setor de Inteligência de Mercado, é possível realizar um levantamento completo de dados e informações, utilizando diferentes métodos, como pesquisas, entrevistas e *focus groups* com o público-alvo. Essas atividades fornecem *insights* valiosos para embasar a tomada de decisão em relação à nova modalidade de atendimento.

Além disso, ao analisar a empresa internamente, é possível identificar pontos fortes e fracos que podem impactar a implementação do novo serviço. Isso inclui avaliar os processos de atendimento ao cliente, a capacidade de entrega, a estrutura organizacional, a tecnologia utilizada, entre outros aspectos relevantes. Com base nessa análise interna, é possível ajustar e otimizar os recursos internos para garantir uma experiência de atendimento eficaz e eficiente.

Portanto, a Inteligência de Mercado não se restringe apenas ao monitoramento externo, mas também incorpora uma visão interna da empresa. Combinando informações sobre o mercado, a concorrência e os processos internos, é possível tomar decisões embasadas, identificar oportunidades de melhoria e garantir uma abordagem estratégica no lançamento da nova modalidade de atendimento ao cliente.

Lembre-se ...

... dentro da empresa está um ambiente passível de olhar, análise e interferência imediata pela gestão, e onde podem se encontrar muitas formas e oportunidades de melhoria. Um caso clássico na área de gestão fala da empresa aérea que economizou 1 milhão de dólares em um ano tirando uma (friso: uma) azeitona da refeição servida. Então, quantas oportunidades temos de melhorar processos dentro da empresa e muitas vezes podem nos escapar por estarmos olhando somente para fora? Monitorar o mercado é indispensável, mas pode ser dentro da empresa a grande chance de melhorar, de dar o salto. Conte com a I.M. para isso.

Utilizando muito do *BIG DATA*, a I.M. junta, organiza, sistematiza os dados e informações necessárias para a gestão da empresa e de suas ações no mercado. Com uma boa estratégia de I.M., a empresa pode:

- agir e reagir rapidamente a problemas e ameaças;
- aprender com os seus erros e os da concorrência;
- identificar, e reagir, a ameaças e oportunidades;
- verificar tendências e inovações;
- identificar novos entrantes;
- gerar ações e promoções rapidamente;
- compreender profundamente o mercado.

DICA

Você já ouviu falar de Internet das coisas, uma forma de usar a internet para obter dados e mesmo controlar objetos e ambientes via internet? Sabia que isso se popularizou por iniciativa de I.M.? Um vendedor de batons decidiu aplicar *chips* RFID em batons em um expositor para controlar quais as cores eram vendidas mais rápido, de forma a organizar melhor seu trabalho de reposição. O case ficou conhecido, e surgiu então a ideia de usar a Internet para monitorar as vendas em várias áreas e mercados. E um modelo teórico criado em laboratórios virou algo aplicado no dia a dia das empresas.

Observe que o processo de I.M. passa necessariamente por uma série de etapas para que o Ciclo de Inteligência, ou seja, a sua utilização sistemática nos processos de gestão, seja implementada de forma efetiva e positiva, gerando resultados para a gestão.

Identificação das necessidades

A identificação das necessidades de informação é um passo fundamental na implementação de um processo de Inteligência de Mercado. É nessa etapa que se realiza uma análise aprofundada dos processos produtivos, identificando os pontos críticos e as fontes de informação relevantes.

Ao entender os processos e as interações da empresa, é possível determinar quais dados são essenciais para monitorar a performance e agir de forma imediata. Isso pode envolver a coleta de dados relacionados ao estoque, tempo de produção, utilização de máquinas, consumo de combustível, entre outros indicadores-chave de desempenho.

Além disso, é importante formular as perguntas e objetivos da coleta de dados de forma precisa. Isso implica levantar as questões a serem respondidas e os problemas a serem observados, alinhando-os aos objetivos gerais da Inteligência de Mercado. Por exemplo, pode-se questionar como otimizar a gestão do estoque de peças para reduzir custos e melhorar a eficiência da produção.

A definição clara das questões e objetivos orienta a coleta de dados, garantindo que as informações obtidas sejam relevantes e úteis para a tomada de decisão. Essa etapa também contribui para a organização do processo de Inteligência de Mercado, mapeando os fluxos de informação e estabelecendo prioridades em termos de coleta e análise de dados.

Portanto, a identificação das necessidades de informação e a formulação das perguntas e objetivos da coleta de dados são etapas cruciais para garantir a eficácia e a relevância do processo de Inteligência de Mercado dentro da empresa ou organização.

Coleta de dados

A coleta de dados é uma etapa crucial do processo de Inteligência de Mercado, mas ela não ocorre no início do processo. Antes da coleta, é necessário realizar uma análise aprofundada dos processos da empresa ou organização, compreendendo sua operação em profundidade e identificando suas necessidades de informação.

Essa análise abrangente permite estabelecer um retrato claro do funcionamento da empresa, incluindo sua estrutura organizacional, estratégias de mercado, características do cenário em que se insere e outros elementos relevantes. A partir disso, torna-se possível definir as necessidades de dados e informações específicas que sustentarão o processo de Inteligência de Mercado.

Após definir as necessidades de informação e estabelecer objetivos claros, é o momento de desenvolver estratégias para atender a essas necessidades. Essas estratégias podem incluir a designação de pessoas responsáveis pela coleta de dados, a identificação de pontos-chave nos processos produtivos que devem ser monitorados, a utilização de dados de sistemas de gestão ou uma combinação de abordagens.

É fundamental que as estratégias de coleta de dados estejam alinhadas com os objetivos estabelecidos anteriormente. Isso garante que os dados coletados sejam relevantes, precisos e capazes de gerar *insights* e suporte para a tomada de decisões.

Portanto, a coleta de dados é uma etapa intermediária do processo de Inteligência de Mercado, que ocorre após a análise dos processos e a definição das necessidades de informação. Investir tempo e energia nessa fase, garantindo uma estratégia clara e objetivos bem definidos, é fundamental para obter os melhores resultados da Inteligência de Mercado.

Figura 3 - a I.M. é um ciclo permanente de coleta e análise.

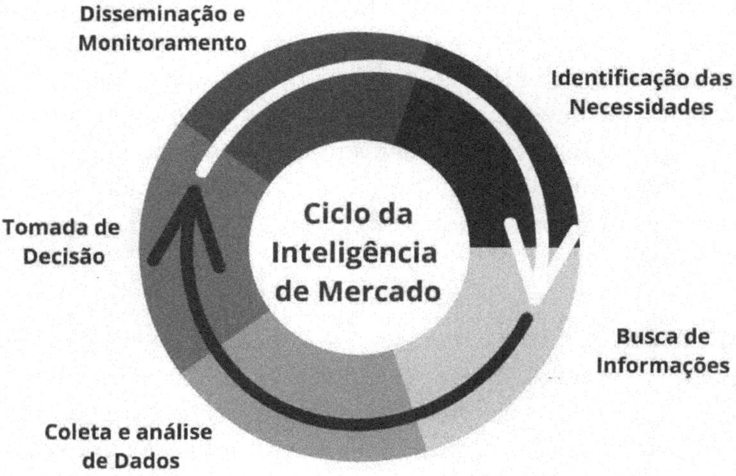

Fonte: desenvolvido pelo autor no Canvas (www.canvas.com)

Após a coleta de dados, é fundamental ter em mãos as ferramentas adequadas de tecnologia para armazenar, organizar, recuperar e analisar essas informações de maneira eficiente. A escolha das ferramentas dependerá das necessidades e dos recursos da empresa ou organização.

Existem diversas opções de tecnologias e *softwares* disponíveis no mercado que podem ser utilizados para o gerenciamento e análise de dados. Alguns exemplos incluem bancos de dados, sistemas de gerenciamento de informações, *software* de análise estatística, ferramentas de visualização de dados e plataformas de *business intelligence*.

É importante selecionar as ferramentas mais adequadas para atender às necessidades específicas da empresa, levando em consideração fatores como capacidade de armazenamento, velocidade de processamento, facilidade de uso e capacidade de integração com outros sistemas.

Além disso, é crucial garantir a segurança dos dados, protegendo as informações contra acessos não autorizados e adotando práticas de backup e recuperação de dados.

Uma vez que as ferramentas de tecnologia estejam implementadas, é possível realizar a análise dos dados coletados e transformá-los em *insights* valiosos para a tomada de decisões estratégicas. Essa análise pode envolver a identificação de tendências, padrões e correlações, a segmentação do mercado, a avaliação da concorrência, a mensuração do desempenho da empresa e a identificação de oportunidades de negócio.

Portanto, escolher e aplicar as ferramentas tecnológicas adequadas é uma etapa essencial para o sucesso do processo de Inteligência de Mercado, permitindo a transformação dos dados em informações relevantes e acionáveis para a gestão da empresa.

> **Atenção!**
> Existem dezenas, talvez centenas de sistemas específicos para I.M. prontos no mercado, que atendem todas as etapas do processo. A decisão sobre qual utilizar deve partir de uma análise clara das necessidades da empresa, lembrando que as necessidades podem mudar ao longo do tempo.

Um bom processo de I.M.:
- estabelece claramente seus objetivos de partida;
- não se restringe a uma única fonte de informação;
- trabalha com bons níveis de redundância na captação, de forma a garantir os melhores dados;
- seleciona os dados necessários após a sua captação, não restringindo fontes ou pontos, e eliminando o que é supérfluo ou desnecessário;
- avalia e monitora as fontes;
- gera informação e conhecimento aplicável à gestão.

A qualidade da análise de dados depende diretamente da definição de objetivos claros e específicos para a Inteligência de Mercado. Ter metas bem estabelecidas permite que a análise seja direcionada para os aspectos relevantes e que os resultados sejam utilizados de forma eficaz na tomada de decisões.

Os objetivos devem ser formulados de maneira precisa, identificando claramente as questões a serem respondidas, os problemas a serem solucionados ou as oportunidades a serem exploradas. Eles devem ser alinhados com a estratégia geral da empresa, levando em consideração as necessidades do mercado, as demandas dos clientes e os objetivos de negócio.

Ao estabelecer objetivos claros, a análise de dados pode ser direcionada para os aspectos relevantes, permitindo que as informações coletadas sejam interpretadas de forma mais precisa e sejam transformadas em *insights* acionáveis. Isso garante que os resultados da análise sejam relevantes e aplicáveis à realidade da empresa, contribuindo para a tomada de decisões informadas e estratégicas.

Além disso, a definição de objetivos específicos também auxilia na definição dos indicadores-chave de desempenho (KPIs) que serão utilizados para medir o progresso e avaliar o sucesso da Inteligência de Mercado. Esses indicadores ajudam a monitorar o alcance das metas estabelecidas e a identificar possíveis ajustes ou melhorias necessárias no processo.

Portanto, estabelecer objetivos claros e específicos é fundamental para garantir a qualidade e a relevância da análise de dados na Inteligência de Mercado, permitindo que as informações sejam transformadas em *insights* valiosos e aplicáveis à gestão da empresa.

> **Entenda**
> Muitos perguntam sobre a diferença entre um profissional de I.M. e um analista ou cientista de dados. Bem, ambos estão ligados – como dissemos, a I.M. depende e utiliza amplamente da T.I. – mas o profissional de I.M., especialmente quem trabalha com a gestão dessa área, precisa ter uma ligação ou formação com a área de negócios, e conhecimento dos processos e lógicas produtivas da empresa.

A Inteligência de Mercado é uma prática contínua e sistemática que faz parte do dia a dia da empresa. Ela envolve a análise de várias perspectivas e processos, tanto internos quanto externos, para orientar as decisões e a gestão em todos os níveis da organização.

A I.M. fornece informações e *insights* sobre o mercado, o ambiente competitivo, as demandas dos clientes e as tendências do setor. Isso permite que a empresa compreenda seu posicionamento, identifique oportunidades e ameaças, e ajuste sua estratégia de acordo com as mudanças do mercado.

Além disso, a I.M. desempenha um papel importante no planejamento estratégico da empresa. Ela fornece dados e informações que auxiliam na definição de metas e objetivos, no dimensionamento do mercado potencial e na identificação de segmentos-alvo. Essas informações são fundamentais para o desenvolvimento e ajuste do plano estratégico da empresa, garantindo que as decisões estejam alinhadas com a realidade do mercado.

A gestão estratégica e a I.M. andam de mãos dadas, complementando-se mutuamente. A I.M. oferece *insights* e análises que sustentam a tomada de decisões estratégicas, enquanto a gestão estratégica fornece direcionamento e orientação para a aplicação efetiva da I.M. no alcance dos objetivos da empresa.

É fundamental entender que os cenários de mercado são dinâmicos e estão sujeitos a mudanças. A I.M. permite que a empresa monitore constantemente essas mudanças, identifique novas tendências e adapte suas estratégias de acordo. A análise contínua do mercado é essencial para o sucesso e a sustentabilidade dos negócios.

Portanto, a combinação de gestão, estratégia e I.M. é fundamental para impulsionar o desempenho da empresa, permitindo que ela se mantenha ágil, adaptável e competitiva em um ambiente de negócios em constante evolução.

Figura 4 - a Inteligência de Mercado se relaciona com muitas áreas e resultados.

Fonte: desenvolvido pelo autor com apoio do Infogram
(www.infogram.com)

A coleta de dados é uma etapa essencial da Inteligência de Mercado. É por meio da coleta de dados que a empresa obtém informações relevantes e atualizadas sobre o mercado, os concorrentes, os clientes e outras variáveis importantes.

A coleta de dados pode envolver diferentes métodos e fontes, como pesquisas de mercado, entrevistas, análise de dados internos da empresa, monitoramento de redes sociais, entre outros. É importante que a coleta de dados seja sistemática e contínua, para garantir que as informações sejam atualizadas e precisas.

Além disso, a coleta de dados deve ser direcionada para os objetivos e necessidades específicas da empresa. Isso significa que é importante definir quais dados são relevantes e como eles serão utilizados para apoiar a tomada de decisões estratégicas.

Uma vez que os dados são coletados, eles passam por uma fase de análise, onde são processados, organizados e interpretados. A análise dos dados é crucial para extrair *insights* relevantes e identificar tendências, padrões e oportunidades de mercado.

É importante ressaltar que a coleta e análise de dados devem estar alinhadas aos objetivos estratégicos da empresa. A informação coletada deve ser transformada em conhecimento acionável, que possa subsidiar a tomada de decisões e a formulação de estratégias.

Portanto, a coleta de dados é uma etapa fundamental da Inteligência de Mercado, pois fornece a base necessária para a análise e o suporte à tomada de decisões estratégicas. É um processo contínuo e integrado aos demais processos de gestão da empresa, garantindo que as decisões sejam embasadas em informações atualizadas e relevantes.

Coleta de dados e I.M.

De forma básica, mas bem direta: a coleta de dados trata do recolhimento de informações de forma clara, dirigida e sistemática para fins de compreender ou ampliar o conhecimento de determinada área, segmento, produto ou serviços de forma a atender as demandas da empresa (LAKATOS, MARCONI, 2003).

Ou seja, os diferentes tipos de dados: primários, secundários e terciários. Essas categorias ajudam a entender a origem e o contexto dos dados coletados.

Dados primários são aqueles obtidos diretamente pela empresa por meio de métodos de pesquisa específicos, como questionários, entrevistas, observações ou experimentos. Esses dados são coletados para atender aos objetivos e às necessidades específicas da empresa.

Dados secundários, por outro lado, são coletados a partir de fontes externas, como relatórios de pesquisa de mercado, estatísticas governamentais, publicações acadêmicas, bancos de dados e estudos realizados por outras empresas. Esses dados já foram coletados e processados por terceiros e podem fornecer informações valiosas para a análise e tomada de decisões.

Já os dados terciários referem-se ao resultado do cruzamento e da análise dos dados primários e secundários. Eles são sistematizados de alguma forma para gerar conhecimento e informações sobre o problema em questão. Esses dados terciários geralmente são apresentados em relatórios ou análises que destacam as conclusões e as observações obtidas a partir dos dados coletados e analisados.

A coleta de dados, como você mencionou, deve partir de um problema ou questão específica que a empresa deseja responder. Essa questão orienta o planejamento das ações de coleta de dados, definindo quais informações são necessárias e quais métodos e fontes serão utilizados.

É importante ressaltar que a coleta de dados deve ser conduzida de forma ética, respeitando a privacidade dos indivíduos e seguindo as regulamentações aplicáveis. Além disso, é essencial que os dados coletados sejam confiáveis, relevantes e atualizados, para garantir uma análise precisa e embasada.

No contexto da Inteligência de Mercado, a coleta de dados é uma etapa fundamental para obter informações valiosas sobre o mercado, os concorrentes, os clientes e outros aspectos relevantes. Esses dados serão posteriormente analisados para gerar *insights* e apoiar a tomada de decisões estratégicas da empresa.

> **CUIDADO**
> Atenção a esta etapa! A definição clara do Problema é crucial para que a coleta e posterior análise de dados se dê da forma mais rápida e efetiva, e traga os resultados esperados. Invista tempo, analise, reflita, discuta. Com um problema claro e bem formatado as chances de acertar serão maiores, e os resultados mais efetivos.

Exemplo: qual a quantidade de sucos que foram vendidas nos supermercados da região no último mês? Qual a média de compra de sucos por cliente/*ticket*? Há variação na média de vendas em dias de semana e finais de semana, ou a quantidade de vendas de sucos por clientes se mantém inalterado ao longo da semana? Há variação de vendas dentro do mês? Há alguma coincidência de compra junto aos sucos que permita identificar um padrão?

Figura 5 - as vendas em gôndola podem ser observadas a analisada pela I.M.

Fonte: Nothing Ahead/Pexels, disponível em https://images.pexels.com/photos/7451937/pexels-photo-7451937.jpeg Acesso em 05/2023

Outros exemplos:
- Qual a quantidade de crianças matriculadas nas escolas municipais?
- Qual é o índice de frequência destas crianças?
- Qual o setor da empresa que apresenta melhor performance em relação ao produto final a ser entregue ao cliente?
- Quais os colaboradores atingem suas metas mais rapidamente? Como está meu desempenho em relação aos meus colegas ou concorrentes?

- Qual(is) do(s) caixas de determinada loja tem melhor tempo de atendimento?
- Qual o setor que gera mais reclamações dos clientes? E qual é a reclamação mais frequente dos clientes?

Estabelecer objetivos claros para a coleta de dados é essencial para direcionar os esforços e garantir que as informações coletadas sejam relevantes e adequadas para a resolução do problema em questão.

Os objetivos da coleta de dados devem ser específicos, mensuráveis, alcançáveis, relevantes e baseados em um prazo definido (critérios conhecidos como critérios SMART). Eles devem refletir as necessidades de informação da empresa e estar alinhados com o problema que está sendo investigado.

Ao estabelecer os objetivos da coleta de dados, é importante considerar o tipo de informação que será necessário coletar, as fontes de dados disponíveis, os métodos de coleta mais adequados e o escopo do estudo. Os objetivos podem variar de acordo com o problema em questão, podendo envolver a obtenção de dados demográficos, comportamentais, de preferências do cliente, informações de mercado, entre outros.

Por exemplo, se o objetivo é entender as preferências do público-alvo em relação a um novo produto financeiro, os objetivos da coleta de dados podem incluir a obtenção de informações sobre as necessidades e desejos dos clientes, suas preferências de canais de comunicação, suas experiências anteriores com produtos financeiros e suas percepções sobre a concorrência. Com esses objetivos definidos, a coleta de dados pode ser planejada de maneira mais direcionada e eficiente.

Os objetivos da coleta de dados também podem ajudar na definição dos indicadores e das variáveis que serão monitoradas durante o processo. Eles servem como guia para garantir que as informações coletadas sejam relevantes para responder às perguntas-chave e fornecer *insights* úteis para a tomada de decisões.

Em resumo, estabelecer objetivos claros e bem definidos para a coleta de dados é fundamental para orientar o processo de pesquisa, direcionar os esforços e garantir que as informações obtidas sejam valiosas e relevantes para a solução do problema em questão.

ATENÇÃO

Os objetivos devem, necessariamente, dialogar, estar "dentro" do problema, do contrário a coleta de dados pode perder foco e precisão, e gerar desvios. Exemplo: imagine uma coleta que foca em compreender os hábitos de uso de telefonia celular em um determinado estado do Brasil. Alguns dos objetivos podem ser:

– compreender o percentual de participação de mercado de cada operadora;

– entender a quantidade ou proporção de telefones comuns e *smartphones* em utilização em determinada região;

– identificar a proporção de contratos pré e pós-pago;

– verificar o interesse dos clientes da modalidade pré--pago em migrar para pós-pago;

Note que os objetivos estão "dentro" do problema, dialogam com ele. Isso garante foco e precisão à coleta, e a maximização dos resultados obtidos.

Após estabelecer os objetivos da coleta de dados, o próximo passo é buscar as informações que serão necessárias para aprofundar o conhecimento e responder às questões levantadas.

A busca por dados pode envolver várias fontes, dependendo do contexto e do problema em questão. Algumas das principais fontes de dados incluem:

Fontes internas: Essas fontes estão dentro da própria organização, como registros, bancos de dados, relatórios internos, planilhas, sistemas de gestão, entre outros. Essas informações podem ser valiosas para entender o desempenho passado da empresa, suas operações e resultados.

Fontes externas: São fontes de dados que estão fora da organização, como pesquisas de mercado, relatórios setoriais, estudos acadêmicos, publicações especializadas, dados do governo, entre outros. Essas fontes podem fornecer informações sobre o mercado, concorrência, tendências do setor, características demográficas, comportamento do consumidor, entre outros aspectos relevantes.

Pesquisas primárias: Essa é uma forma direta de coletar dados, realizando pesquisas específicas para obter informações relevantes para o problema em questão. Isso pode envolver a aplicação de questionários, entrevistas, observações ou experimentos. As pesquisas primárias podem ser conduzidas internamente ou por meio de empresas especializadas em pesquisa de mercado.

Dados secundários: São dados que já foram coletados por outras fontes e podem ser utilizados para o problema em questão. Isso inclui relatórios, estudos de caso, artigos científicos, dados históricos, entre outros. A vantagem dos dados secundários é que eles estão prontamente disponíveis e podem fornecer informações relevantes e confiáveis.

É importante avaliar a qualidade e a confiabilidade das fontes de dados para garantir que as informações obtidas sejam precisas e relevantes para a análise. Também é necessário considerar a ética e a privacidade ao lidar com dados de terceiros ou informações sensíveis.

Ao realizar a busca por dados, é útil documentar as fontes e os métodos de coleta utilizados, bem como organizar os dados de forma a facilitar a análise posterior. Isso ajudará a garantir a consistência e a rastreabilidade das informações coletadas.

Em suma, a busca de dados envolve a identificação das fontes relevantes e a coleta das informações necessárias para responder às questões e alcançar os objetivos estabelecidos na etapa anterior. É um processo de busca ativa por conhecimento que irá embasar a análise e a tomada de decisões.

4. Coleta de dados para Inteligência de Mercado

A Segunda Guerra Mundial foi um período sombrio da história humana, mas vários avanços e tecnologias surgiram devido ao conflito, inovações que vão do protetor solar ao computador. A tecnologia de produção de aviões evoluiu de forma rápida e consistente nesse período, e viu surgirem os motores a jato e várias outras técnicas e tecnologias.

> **DICA**
> *O filme "O jogo da imitação" (EUA-UK 2015) conta a história do desenvolvimento do primeiro computador do mundo, ainda mecânico, que foi criado para decifrar os códigos de criptografia da máquina alemã Enigma. A máquina era capaz de calcular e apresentar as chaves de codificação das mensagens do Eixo, revelando os segredos alemães, e foi fundamental para a vitória dos aliados no conflito.*

Nesse período, muitos bombardeiros e caças voltavam das batalhas com marcas e buracos dos tiros inimigos. Rapidamente os militares passaram analisar os danos, buscando formas de reforçar as partes atingidas e minimizar os riscos aos pilotos e suas missões (figura 1).

Figura 1 - esquema dos locais atingidos em um avião da Segunda Guerra Mundial.

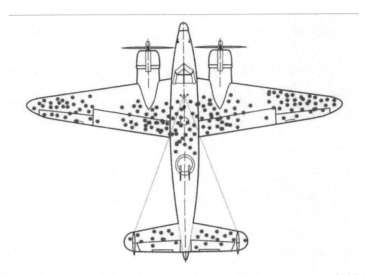

Fonte: Instagram (@warbirdexperience_uk) Acesso em 05/2023

Um matemático chamado Abraham Wlad sugeriu uma abordagem diferente: ao invés de reforçar os pontos atingidos nos aviões que retornavam, seria mais preciso e mais efetivo trabalhar nos pontos onde estes não tinham sido atingidos, pois provavelmente as aeronaves que não voltavam, que tiveram danos fatais no campo de batalha, teriam sido atingidos nestes outros pontos.

E foi essa abordagem que levou ao desenvolvimento de uma série de recursos que modificaram os projetos dos aviões dali por diante, reforçando as áreas necessárias e desenvolvendo novos projetos mais adequados ao campo de batalhas aéreas.

O que essa história mostra? Que mesmo o maior e mais preciso volume de dados precisa ser abordado, analisado e problematizado da forma correta para gerar os resultados almejados.

...

A coleta de dados para a Inteligência de Mercado (I.M.) envolve a obtenção de informações relevantes sobre o mercado, concorrência, clientes, tendências, entre outros aspectos que impactam a empresa. Esses dados são essenciais para a análise e suporte à tomada de decisões estratégicas.

A coleta de dados para a I.M. pode ser realizada de várias maneiras, dependendo das necessidades e recursos disponíveis. Aqui estão algumas técnicas comumente utilizadas:

Pesquisas de mercado: Essa técnica envolve a realização de pesquisas para coletar informações diretamente dos clientes, consumidores ou público-alvo. Isso pode ser feito por meio de questionários, entrevistas, grupos de foco ou observações. As pesquisas de mercado ajudam a obter *insights* sobre preferências, comportamentos, necessidades e percepções dos consumidores em relação aos produtos, serviços ou marcas.

Monitoramento de mídias sociais: Com o crescimento das mídias sociais, tornou-se importante acompanhar as conversas, interações e sentimentos dos consumidores *online*. O monitoramento de mídias sociais permite obter informações em tempo real sobre o que está sendo discutido, as opiniões dos clientes, tendências emergentes e até mesmo identificar possíveis problemas ou oportunidades.

Análise de dados internos: A empresa pode coletar dados internos de suas próprias operações, como registros de vendas, dados de CRM (*Customer Relationship Management*), dados de atendimento ao cliente, entre outros. Esses dados podem fornecer *insights* valiosos sobre o desempenho dos produtos, a eficácia das estratégias de marketing, o comportamento dos clientes e outros aspectos relevantes para a I.M.

Fontes de dados secundárias: Além dos dados internos, existem fontes externas de dados secundários que podem ser exploradas. Isso inclui relatórios de pesquisa de mercado, dados demográficos, estatísticas governamentais, relatórios setoriais, publicações especializadas, entre outros. Essas fontes podem fornecer informações contextuais e comparativas que complementam os dados internos.

Parcerias e colaborações: Em alguns casos, as empresas podem estabelecer parcerias ou colaborações com outras organizações, instituições acadêmicas ou consultorias especializadas para obter dados específicos ou realizar pesquisas conjuntas. Essas parcerias podem ampliar o acesso a dados e conhecimentos adicionais.

É importante lembrar que a coleta de dados deve ser realizada de forma ética e em conformidade com as leis e regulamentos aplicáveis à privacidade e proteção de dados. A segurança e a confidencialidade das informações coletadas devem ser garantidas, e os dados devem ser tratados com responsabilidade.

Após a coleta de dados, é fundamental organizar, armazenar e analisar as informações de maneira adequada. O uso de ferramentas e tecnologias apropriadas, como bancos de dados, *softwares* de análise estatística e visualização de dados, pode facilitar esse processo.

A coleta de dados para a I.M. é um componente crucial para obter informações relevantes e atualizadas sobre o mercado e as partes interessadas, auxiliando na identificação de oportunidades, ameaças e no desenvolvimento de estratégias competitivas.

Nota-se que alguns problemas citados como exemplo são de rápida e precisa observação. Em curto espaço de tempo e em locais bem determinados é possível coletar os dados desejados. Outros demandam esforços de observação e coleta mais amplos e demorados, que podem levar dias, semanas, meses e envolver vários locais e fontes diferentes. Por isso sabe-se que a coleta de dados pode ser:

Contínua	A coleta de dados em tempo real é realizada durante a ocorrência dos eventos ou processos em questão. Geralmente envolve o monitoramento do mercado, opiniões e percepções, alimentando o sistema de informação da organização e possibilitando tomadas de decisão rápidas e ágeis.
Periódica	A coleta de dados em intervalos de tempo predeterminados ocorre por meio de ciclos. Nesse processo, uma questão ou problema é repetido e busca-se obter mais informações sobre uma determinada situação que seja relevante para a organização. Essa abordagem periódica permite acompanhar a evolução e as mudanças ao longo do tempo, fornecendo *insights* valiosos para a gestão.

Ocasional	essa forma de coleta de dados, sem periodicidade definida e sem continuidade, refere-se a situações em que as necessidades são momentâneas e específicas. Pode ocorrer em eventos ou momentos de mercado que exijam a atenção imediata da gestão da empresa, como uma pesquisa eleitoral durante um período eleitoral ou a coleta de informações sobre um acontecimento relevante. Essa coleta de dados é pontual e tem como objetivo fornecer *insights* e suporte para decisões rápidas em situações específicas.

Esta definição deve ser tomada em função, claro, do problema e suas características, e dos objetivos. Há necessidade de verificação e reverificação das informações? O cenário em que foram obtidos muda, podendo mudar as características e resultados em determinado período de tempo determinado? Há sazonalidade envolvida? De posse destas e outras respostas deve ser definida a estratégia de coleta de dados, bem como as técnicas de pesquisa que serão utilizadas.

Definidos o problema e os objetivos de forma clara e precisa, o próximo passo é definir o tipo de pesquisa que será realizada, que são classificadas de 3 formas diferentes: Exploratória, Descritiva e Explicativa.

Exploratória	é realizada quando se deseja obter uma compreensão inicial de um determinado problema ou fenômeno, sem a intenção de fazer inferências estatísticas. Geralmente, envolve a busca por informações preliminares, entrevistas, observações e revisão de literatura, a fim de identificar padrões, tendências e possíveis relações.
Descritiva	busca descrever e analisar as características e propriedades de um determinado fenômeno ou grupo. Ela tem como objetivo principal fornecer uma visão mais detalhada e precisa de um tema específico, por meio da coleta de dados quantitativos e qualitativos. Nessa pesquisa, é comum utilizar questionários estruturados, entrevistas estruturadas, observações sistemáticas e análise estatística.

Explicativa	busca identificar e explicar as relações de causa e efeito entre as variáveis. Ela vai além da descrição dos fenômenos, buscando entender os motivos e mecanismos por trás dos resultados observados. Nesse tipo de pesquisa, são comuns a utilização de experimentos, estudos de caso, análise de regressão e outras técnicas estatísticas avançadas.

A escolha do tipo de pesquisa dependerá dos objetivos e do problema em questão, bem como das informações necessárias para a tomada de decisão. É importante selecionar a abordagem mais adequada para obter os dados e informações relevantes para a inteligência de mercado.

A definição da abordagem quantitativa ou qualitativa é fundamental para direcionar a coleta e análise dos dados de forma mais adequada às necessidades da pesquisa e aos objetivos estabelecidos.

A abordagem quantitativa é utilizada quando se busca obter dados numéricos e mensuráveis, permitindo a realização de análises estatísticas para identificar padrões, relações e tendências. É caracterizada pelo uso de questionários estruturados, escalas de avaliação, métricas quantitativas e métodos estatísticos para análise dos dados coletados. Essa abordagem é útil para quantificar o tamanho do mercado, medir a satisfação do cliente, calcular índices de desempenho, entre outros aspectos quantificáveis.

Já a abordagem qualitativa é aplicada quando se busca compreender em profundidade as percepções, opiniões, motivações e comportamentos dos indivíduos, sem a necessidade de quantificação. Envolve técnicas como entrevistas em profundidade, grupos focais, observação participante e análise de conteúdo, visando capturar *insights*, identificar padrões qualitativos, explorar perspectivas e compreender o contexto social e cultural. Essa abordagem é útil para explorar questões complexas, entender as motivações dos consumidores, analisar a experiência do usuário, entre outros aspectos subjetivos.

A escolha entre abordagem quantitativa e qualitativa depende da natureza do problema de pesquisa, dos objetivos estabelecidos e das informações desejadas. Em alguns casos, pode ser adequado combinar as duas abordagens, permitindo uma análise mais abrangente e profunda dos dados coletados.

Quantitativa	Toda a forma de coleta de dados que podem ser expressos de forma numérica, e cuja análise demanda a utilização de técnicas e elementos estatísticos, ofertando assim uma visão numérica e comparativa dos dados.	Uma das aplicações é dimensionar e/ou segmentar mercados e grupos de consumo, além de obter elementos com participação de mercado, percentuais de um determinado fato ou processo – como manutenção em uma linha de produtos – etc.
Qualitativa	Vai além da exatidão ofertada pelos números, adentrando informações como opiniões, percepções, sentimentos, compreensões, intenções etc., estabelecendo uma visão sobre o elemento humano em relação ao problema e aos objetivos.	Utilizada para conhecer opiniões não-mensuráveis, procurando entender os "Por quês" de certos comportamentos e fenômenos, entender os aspectos sociais e culturais envolvidos na relação de consumo, descobrir os valores ou preconceitos estabelecidos ou mesmo interpretar o comportamento manifesto. Por exemplo, a percepção de um grupo e consumidores sobre um determinado produto, seus graus de satisfação, e um tipo, uma forma de se fazer qualitativa.

A escolha entre abordagem quantitativa e qualitativa dependerá dos objetivos específicos da pesquisa e das informações desejadas para a tomada de decisão.

No caso da análise da venda média de sucos por *ticket* nos supermercados, a coleta de dados seria predominantemente quantitativa. Seria necessário coletar dados numéricos, como o valor total das vendas de sucos e o número de *tickets* de compra, para calcular a média de venda por *ticket*. Esses dados quantitativos podem ser analisados estatisticamente, permitindo identificar tendências, variações e padrões de comportamento relacionados às vendas de sucos nos supermercados da região.

Já no caso de identificar a coincidência de compra de sucos com outros produtos e compreender as motivações por trás dessa relação, poderíamos utilizar uma abordagem mista, combinando elementos quantitativos e qualitativos. Poderíamos coletar dados quantitativos sobre a ocorrência da compra conjunta de sucos e outros produtos, como a frequência e a proporção dessas combinações. Ao mesmo tempo, poderíamos realizar entrevistas ou grupos focais com os consumidores para compreender as razões e motivações por trás dessas escolhas de compra. Dessa forma, obteríamos uma visão mais abrangente e aprofundada do comportamento dos consumidores e suas percepções.

No caso das reclamações dos clientes, também seria possível adotar uma abordagem mista. Poderíamos realizar análises qualitativas, como a análise de conteúdo das reclamações registradas, para identificar os principais problemas e temas recorrentes. Em seguida, poderíamos quantificar essas reclamações, contabilizando a frequência de cada tipo específico de reclamação. Com isso, teríamos uma visão completa das reclamações dos clientes, tanto em termos de suas características qualitativas quanto de sua frequência quantitativa, permitindo a elaboração de estratégias para abordar e resolver os problemas apontados.

Em resumo, a escolha da abordagem quantitativa ou qualitativa, ou até mesmo uma combinação das duas, dependerá das características do problema de pesquisa, dos objetivos da análise e da natureza das informações que se deseja obter para tomar decisões efetivas.

> **ATENÇÃO**
> Quantitativa e Qualitativa não são excludentes ou concorrentes. Pelo contrário, podem e devem ser utilizadas em conjunto, pois cada uma oferta um nível de compreensão e de aprofundamento do problema que, se planejados de forma articulada, podem trazer uma visão ampla, clara e muito detalhada do que se busca compreender.

A amostragem é um aspecto fundamental da coleta de dados e pode ser realizada de forma probabilística ou não-probabilística, dependendo da natureza do estudo e dos objetivos da pesquisa.

A amostragem probabilística é aquela em que todos os elementos da população têm uma chance conhecida e igual de serem selecionados para fazer parte da amostra. Isso permite que a amostra seja representativa da população e que os resultados possam ser generalizados com maior segurança. Alguns métodos comuns de amostragem probabilística incluem a amostragem aleatória simples, a amostragem estratificada, a amostragem por conglomerados e a amostragem sistemática.

Por outro lado, a amostragem não-probabilística ocorre quando os elementos da população não têm uma chance igual de serem selecionados para a amostra. Nesse caso, a seleção dos elementos é baseada em critérios subjetivos ou conveniência. Alguns métodos de amostragem não-probabilística incluem amostragem por conveniência, amostragem por julgamento, amostragem por quotas e amostragem de bola de neve. Embora a amostragem não-probabilística possa ser mais rápida e econômica, os resultados obtidos podem não ser representativos da população em geral.

A escolha entre amostragem probabilística e não-probabilística depende das características do estudo, dos recursos disponíveis, dos objetivos da pesquisa e da capacidade de generalização dos resultados. Em muitos casos, a amostragem probabilística é preferível, pois permite uma inferência mais confiável sobre a população em questão. No entanto, em algumas situações, a amostragem não-probabilística pode ser útil, especialmente quando se deseja explorar casos específicos ou obter informações qualitativas mais aprofundadas.

Em qualquer caso, é importante que a amostra seja cuidadosamente planejada e representativa do universo em estudo, garantindo assim a validade e confiabilidade dos resultados obtidos.

Probabilística	A amostragem probabilística busca garantir a imparcialidade e a representatividade dos resultados em relação ao universo em estudo. Nesse tipo de amostragem, todos os indivíduos do universo têm uma chance conhecida e igual de serem selecionados para fazer parte da amostra. Na amostragem probabilística simples, cada elemento do universo tem a mesma probabilidade de ser selecionado, o que garante a imparcialidade na escolha da amostra. Esse método é comumente usado quando se possui uma lista completa de todos os indivíduos do universo, como uma lista de clientes, domicílios ou funcionários. A amostragem sistemática é realizada quando o pesquisador seleciona aleatoriamente o primeiro elemento da amostra e, em seguida, escolhe os demais elementos em intervalos regulares, de acordo com uma taxa de amostragem predeterminada. Já a amostragem estratificada envolve a divisão do universo em subgrupos, chamados estratos, com base em características específicas. Em seguida, uma amostra é selecionada de cada estrato, levando em consideração a proporção de cada estrato na população total. Na amostragem por conglomerados, o universo é dividido em grupos ou conglomerados, como cidades, bairros ou escolas. Em seguida, alguns conglomerados são selecionados aleatoriamente para fazer parte da amostra, e todos os elementos dentro desses conglomerados são incluídos na amostra. Esses métodos de amostragem probabilística permitem extrapolar os resultados obtidos na amostra para toda a população, com base na premissa de que a amostra representa de forma precisa e imparcial o universo em estudo. Isso permite fazer inferências estatísticas e generalizar os resultados para a população como um todo, com uma margem de erro calculada. A escolha do método de amostragem probabilística mais adequado depende das características do universo em estudo, dos recursos disponíveis e dos objetivos da pesquisa. O objetivo é obter uma amostra que seja representativa e que permita generalizar os resultados obtidos para a população de interesse.

Não-Probabilística	Quando não é possível ter uma listagem específica do universo em estudo, é necessário adotar outros métodos de amostragem não-probabilística para selecionar os elementos da amostra. Esses métodos são baseados em critérios próprios e específicos estabelecidos pelo pesquisador, levando em consideração a representatividade desejada. Na amostragem por conveniência, os elementos são selecionados com base na disponibilidade e acessibilidade. O pesquisador escolhe aqueles que estão convenientemente acessíveis para coleta de dados, como entrevistar pessoas em uma determinada localidade ou clientes em uma loja específica. No entanto, essa amostragem pode resultar em vieses de seleção, pois os elementos selecionados podem não ser representativos da população como um todo. Na amostragem por julgamento, o pesquisador utiliza seu conhecimento e experiência para selecionar os elementos que considera mais relevantes ou representativos para o estudo. Esse método é subjetivo e depende da expertise do pesquisador na escolha dos elementos da amostra. Na amostragem por cotas, o pesquisador define critérios de características importantes para o estudo, como idade, gênero, renda, entre outros, e seleciona os elementos da amostra de acordo com essas quotas predeterminadas. Essa abordagem busca garantir uma representatividade equilibrada das diferentes categorias dentro da população. Na amostragem bola de neve, o pesquisador começa com alguns elementos da amostra e solicita que eles indiquem outros elementos que também possam ser incluídos. Esse método é frequentemente usado quando a população em estudo é difícil de alcançar, como em pesquisas sobre grupos específicos ou comunidades fechadas. Na amostragem desproporcional, o pesquisador seleciona intencionalmente um número maior de elementos de certas categorias ou grupos da população que são de interesse especial para o estudo. Isso ocorre quando se deseja estudar de forma mais aprofundada uma subpopulação específica dentro do universo em análise.

Não-Probabi-lística	Em todos esses métodos de amostragem não-probabilística, é importante ter consciência das limitações em relação à representatividade e à generalização dos resultados para a população como um todo. Essas amostras são selecionadas com base em critérios específicos e podem não refletir com precisão as características da população em estudo. No entanto, podem fornecer informações relevantes e *insights* valiosos para a pesquisa, desde que suas limitações sejam consideradas ao interpretar os resultados.

DESTAQUE

A definição da amostragem para a coleta qualitativa é muito importante, imprescindível quando se lida com coletas de dados junto a pessoas, pois é preciso que se estabeleçam claramente os parâmetros da população para evitar ao máximo desvios que possam depois comprometer a análise dos dados, as conclusões e as decisões. Quando se trabalha com dados diretos, como uma coleta sobre volume de vendas, participação de mercado etc., o ideal é que se trabalhe com o máximo de pontos de coleta possível, para que se tenha a máxima representatividade do universo em foco.

Há outras técnicas e formas de captar elementos, dados e informação para tratamento e processamento pela I.M., como a entrevista, questionário, formulário e mais.

Entrevista

A entrevista é uma técnica valiosa para obter informações em profundidade sobre determinado assunto. Por meio da entrevista, é possível explorar e compreender as percepções, opiniões, experiências e comportamentos dos entrevistados, o que proporciona *insights* e conhecimentos mais detalhados sobre o tema em estudo.

A entrevista permite uma interação direta entre o entrevistador e o entrevistado, facilitando a obtenção de informações qualitativas e ricas em contexto. Além das respostas dadas verbalmente, a observação de gestos, expressões faciais e corporais durante a entrevista pode fornecer pistas adicionais sobre as emoções e atitudes dos entrevistados.

Uma das vantagens da entrevista é sua flexibilidade. O entrevistador pode adaptar as perguntas e a abordagem de acordo com as respostas e o contexto do entrevistado, permitindo a exploração mais aprofundada de determinados tópicos e o direcionamento da entrevista de acordo com os objetivos da pesquisa.

Outra vantagem da entrevista é a possibilidade de realizar uma organização e classificação detalhada dos dados coletados. As respostas dos entrevistados podem ser transcritas, codificadas e categorizadas para posterior análise e interpretação. Isso permite identificar padrões, tendências e *insights* relevantes para a pesquisa.

No entanto, é importante considerar que a entrevista também apresenta desafios. A subjetividade dos entrevistados pode influenciar as respostas, e o entrevistador precisa estar atento a possíveis vieses e interpretar as informações de forma cuidadosa. Além disso, a condução de entrevistas demanda tempo e recursos significativos, especialmente quando se trata de um grande número de entrevistas.

No contexto da inteligência de mercado, a entrevista pode ser uma ferramenta valiosa para obter informações detalhadas sobre as percepções e comportamentos dos clientes, identificar necessidades e desejos do mercado, bem como compreender os fatores que influenciam as decisões de compra. É uma técnica que complementa outras formas de coleta de dados, como pesquisas quantitativas, permitindo uma compreensão mais completa do mercado e dos consumidores.

A entrevista pode ser Estruturada, Não-estruturada, Semiestruturada e Informal.

Estruturada	Na entrevista estruturada existe um roteiro preestabelecido de perguntas a que o entrevistado deve responder, e este roteiro não varia, não muda conforme o entrevistado.
Não-estruturada	Neste tipo não há perguntas preestabelecidas, mas sim um objetivo claro relacionado ao problema. O entrevistador guiará a entrevista obedecendo a uma ordem de elementos que devem ser compreendidos, da forma mais aberta e livre possível.
Semiestruturada	Este é um formato intermediário entre a Estruturada e a Não-estruturada. Há um conjunto de perguntas predeterminadas, mas também há espaço para que, conforme as respostas obtidas, o pesquisador possa variar ou mesmo aprofundar e ignorar elementos conforme aparecerem.
Informal	Neste caso o coletor de dados deve ter ciência completa do problema e objetivos, e ir a campo de forma constante, registrando os elementos que se relacionem com isso, utilizando de várias formatos e abordagens diferentes.

Questionário

As questões do questionário desempenham um papel fundamental na coleta de dados. Elas devem ser cuidadosamente elaboradas para garantir a obtenção das informações desejadas de forma clara e precisa. Aqui estão algumas considerações sobre as questões do questionário:

Objetividade: As questões devem ser formuladas de forma objetiva, evitando ambiguidades e possibilitando respostas diretas. É importante evitar termos vagos ou que possam gerar diferentes interpretações por parte dos respondentes.

Linguagem acessível: O questionário deve ser elaborado em linguagem clara e compreensível para o público-alvo. É essencial evitar o uso de termos técnicos ou jargões que possam dificultar a compreensão das questões pelos respondentes.

Coerência e consistência: As questões devem ser consistentes entre si e coerentes com os objetivos da pesquisa. É importante garantir que as perguntas estejam alinhadas com o tema em estudo e que sejam relevantes para a obtenção das informações desejadas.

Escala de resposta: As questões fechadas podem incluir escalas de resposta, como escalas de concordância, frequência ou importância. Essas escalas permitem uma padronização das respostas e facilitam a análise dos dados. É importante definir claramente as opções de resposta e garantir que sejam mutuamente exclusivas e abrangentes.

Questões abertas e fechadas: O questionário pode incluir tanto questões abertas quanto fechadas. As questões abertas permitem que os respondentes expressem suas opiniões e ideias de forma livre, enquanto as questões fechadas oferecem opções de resposta predefinidas. A combinação de questões abertas e fechadas pode fornecer uma perspectiva mais abrangente sobre o tema em estudo.

Sequência lógica: As questões devem seguir uma sequência lógica e coerente, de forma a facilitar a compreensão e a fluidez da resposta. É comum começar com questões introdutórias simples e progressivamente avançar para questões mais complexas.

É importante ressaltar que a elaboração do questionário requer atenção e testes prévios para identificar possíveis problemas e melhorar sua eficácia na coleta de dados. A revisão e a validação do questionário por especialistas ou por um grupo piloto podem ajudar a identificar possíveis falhas e garantir a qualidade das informações obtidas.

Abertas	As questões abertas oferecem aos respondentes a liberdade de fornecer respostas mais detalhadas e específicas, permitindo uma maior riqueza de informações. No entanto, essa liberdade também pode tornar o tratamento dos dados mais complexo, uma vez que as respostas precisam ser lidas, interpretadas e categorizadas manualmente. Uma vez que as respostas abertas são mais subjetivas e variadas, pode ser difícil realizar cruzamentos diretos com outras respostas ou aplicar análises estatísticas padronizadas. No entanto, essas respostas podem fornecer *insights* valiosos e informações em profundidade sobre as percepções e opiniões dos respondentes. Para facilitar o tratamento dos dados das questões abertas, é possível utilizar técnicas de análise de conteúdo, como a categorização das respostas em temas ou padrões comuns. Essa categorização pode ser realizada manualmente ou com o auxílio de ferramentas de processamento de linguagem natural. É importante destacar que a escolha entre questões abertas e fechadas depende dos objetivos da pesquisa e das informações desejadas. Questões abertas são mais adequadas quando se busca uma compreensão mais aprofundada, enquanto questões fechadas oferecem uma estrutura mais padronizada e facilitam a análise quantitativa dos dados. Em resumo, as questões abertas podem fornecer informações detalhadas e específicas, mas exigem um tratamento mais minucioso e podem apresentar desafios na análise e no cruzamento com outras respostas.

Fechadas	As questões fechadas apresentam opções predeterminadas, nas quais os entrevistados devem selecionar a resposta que mais se adequa à sua situação ou opinião. Essas opções podem ser apresentadas em formato de alternativas múltiplas, escala de Likert, concordância ou discordância, entre outros. Ao fornecer opções predeterminadas, as questões fechadas oferecem uma estrutura mais clara e padronizada para a coleta de dados. Isso facilita a análise quantitativa, permitindo que as respostas sejam codificadas e categorizadas com maior facilidade. As questões fechadas são úteis quando se deseja obter dados que possam ser facilmente comparados e analisados estatisticamente. Elas permitem a coleta de informações de maneira mais rápida e eficiente, reduzindo a subjetividade das respostas e possibilitando a comparação direta entre os entrevistados. No entanto, é importante considerar que as questões fechadas podem restringir a variedade de respostas e limitar a profundidade das informações obtidas. Os respondentes podem se sentir limitados pelas opções fornecidas e não conseguir expressar suas opiniões de maneira abrangente. Portanto, é fundamental projetar cuidadosamente as opções de resposta para garantir que elas abranjam todas as possibilidades relevantes. Em resumo, as questões fechadas oferecem uma estrutura clara, facilitando a análise quantitativa e a comparação entre os entrevistados. No entanto, elas podem limitar a variedade de respostas e restringir a expressão de opiniões individuais. A escolha entre questões abertas e fechadas depende dos objetivos da pesquisa e das informações desejadas.

Semiestru-turadas ou Mistas	As questões semiestruturadas, ou mistas, combinam elementos de perguntas fechadas e abertas em uma única pergunta. Essas questões permitem que os entrevistados escolham uma resposta predeterminada e, em seguida, forneçam uma explicação adicional ou detalhes sobre a resposta selecionada. As perguntas semiestruturadas oferecem um equilíbrio entre a estrutura das perguntas fechadas e a flexibilidade das perguntas abertas. Elas permitem que os entrevistados expressem suas opiniões e fornecerem informações adicionais, ao mesmo tempo em que oferecem uma estrutura que facilita a análise e a comparação dos dados coletados. Essa abordagem é especialmente útil quando se deseja obter *insights* mais detalhados sobre as opiniões e experiências dos entrevistados. As respostas podem fornecer uma compreensão mais aprofundada dos motivos por trás das escolhas feitas nas perguntas fechadas e permitir que nuances e contextos sejam capturados. No entanto, é importante considerar que a análise de dados das perguntas semiestruturadas pode exigir mais tempo e esforço, pois as respostas podem ser mais complexas e variadas. Além disso, a interpretação dessas respostas pode ser subjetiva, exigindo uma análise cuidadosa para identificar padrões e tendências. Em resumo, as perguntas semiestruturadas combinam elementos de perguntas fechadas e abertas, permitindo que os entrevistados escolham uma resposta predeterminada e forneçam uma explicação adicional. Essa abordagem oferece um equilíbrio entre estrutura e flexibilidade, permitindo *insights* mais detalhados, mas também exigindo uma análise mais cuidadosa dos dados coletados.

O uso de questionários na coleta de dados apresenta vantagens em termos de estruturação e organização dos dados, além de permitirem o cruzamento e análise de informações de forma mais eficiente. A possibilidade de atingir um grande número de pessoas em um curto período de tempo também é uma vantagem significativa.

No entanto, existem limitações e desafios associados ao uso de questionários. A falta de controle sobre a forma como o questionário é respondido pode levar a respostas parciais ou distorcidas, especialmente quando não há um coletor presente para esclarecer dúvidas ou orientar os entrevistados. O anonimato pode trazer uma sensação de segurança para os participantes, mas também pode resultar em respostas menos precisas ou honestas.

Além disso, a interpretação das questões pelos respondentes pode variar, o que pode levar a diferentes interpretações e desvios nos resultados. É importante garantir que as perguntas sejam formuladas de maneira clara e sem ambiguidades, mas ainda assim pode haver margem para interpretações subjetivas.

A questão da representatividade do público também é crucial. Para que os resultados sejam confiáveis e generalizáveis, é necessário que o público-alvo do questionário seja o mais homogêneo possível, para que as respostas possam ser comparadas e os dados extrapolados para o universo maior.

> **ATENÇÃO**
> O questionário é uma das formas mais comuns de coleta, e a mais conhecida dos vários públicos. Logo, pode ser um dos mais seguros, mas não significa que isto se aplique a todos os problemas e públicos. Uma forma de minimizar desvios e problemas é fazer rodas de testagem do questionário, verificando, analisando e sanando eventuais problemas.

É importante considerar esses pontos ao planejar e conduzir a coleta de dados por meio de questionários, a fim de minimizar possíveis distorções e maximizar a qualidade e confiabilidade dos resultados obtidos.

Formulário

O formulário é uma ferramenta importante na coleta de dados, pois oferece uma estrutura organizada para a equipe de coleta seguir. Ele lista as questões ou itens a serem abordados, proporcionando um roteiro claro e preciso para a coleta de informações.

O formulário pode conter instruções detalhadas sobre como abordar os respondentes, quais perguntas fazer, quais dados coletar e como registrá-los. Também pode incluir campos para preenchimento com opções de resposta predefinidas ou espaço para anotações adicionais.

Essa forma de organização proporcionada pelo formulário facilita o trabalho da equipe de coleta, garantindo que todas as informações necessárias sejam capturadas de forma consistente e completa. Além disso, o formulário pode ser utilizado como um guia de treinamento para a equipe, ajudando a garantir que todos os entrevistadores sigam os mesmos procedimentos e critérios durante a coleta.

Portanto, o formulário desempenha um papel importante na padronização e sistematização da coleta de dados, contribuindo para a qualidade e consistência dos resultados obtidos.

O formulário apresenta algumas vantagens, como, por exemplo:
- Facilidade na coleta de dados;
- Coleta de dados mais uniforme, homogênea, padronizada;
- Simplificação das análises;
- Ajuda no planejamento de ciclos de melhoria.

Mas, por outro lado, pode gerar confusão ou erros de interpretação na leitura dos dados, por isso, exige um planejamento preciso e cuidadoso. Então, para fazer um bom formulário, de fácil e segura aplicação, é importante que:
- Se defina com precisão o seu propósito;
- Observe a forma de aplicação;
- Seja acessível e permita uma coleta rápida;
- Definir as perguntas a serem respondidas;
- E os dados a ser registrados;
- Definir para e público de aplicação;
- Seja testado antes de sua aplicação.

O uso de um formulário na coleta de dados é fundamental para garantir a organização, padronização e eficiência do processo. Ele serve como um guia para os entrevistadores, orientando-os sobre o que precisa ser feito, quais informações coletar e como registrá-las. Isso contribui para a consistência e confiabilidade dos dados obtidos.

Além disso, o formulário também auxilia na otimização do tempo, uma vez que as questões e instruções estão previamente definidas, evitando duplicações ou omissões de dados. Ele pode ser usado como um instrumento de treinamento para a equipe de coleta, assegurando que todos estejam alinhados com os procedimentos e objetivos da pesquisa.

A utilização de um formulário adequado e bem elaborado ajuda a minimizar erros na coleta de dados, aumentando a precisão e a qualidade das informações obtidas. Isso permite uma análise mais confiável e embasada, contribuindo para a tomada de decisões assertivas no contexto empresarial.

Portanto, a adoção de um formulário como aliado na coleta de dados é uma estratégia eficaz para garantir o sucesso da pesquisa e alcançar os objetivos propostos.

Observação Participante

A observação participante é uma técnica valiosa de coleta de dados. Ao vivenciar e participar ativamente do ambiente ou contexto em estudo, o pesquisador tem a oportunidade de obter informações ricas e detalhadas sobre o comportamento, interações e dinâmicas presentes na situação observada.

Por meio da observação participante, é possível capturar nuances e aspectos que não seriam facilmente acessíveis por outros métodos, como entrevistas ou questionários. O pesquisador pode perceber detalhes não verbais, sutilezas nas interações sociais, padrões de comportamento e até mesmo aspectos não mencionados pelos participantes.

Essa abordagem permite ao pesquisador imergir na realidade estudada, vivenciando-a de forma mais próxima e direta. Isso proporciona uma compreensão mais profunda do fenômeno em questão e uma visão mais abrangente dos elementos envolvidos.

No entanto, como mencionado, a presença do pesquisador pode afetar o comportamento e a dinâmica dos participantes, levando a uma possível distorção na observação. A conscientização dessa interferência e a busca por minimizá-la são aspectos importantes a serem considerados na aplicação dessa técnica.

É fundamental que o pesquisador esteja atento à sua posição de observador participante, mantendo a ética e a imparcialidade na análise dos dados coletados. Também é necessário respeitar a privacidade e confidencialidade dos participantes, garantindo que suas identidades e informações pessoais sejam preservadas.

> **Fique atento**
> Uma boa forma de minimizar os desvios gerados na Observação Participante é fazer a pesquisa com um prazo mais estendido, de forma que a presença do observador seja "naturalizada" e sua interferência minimizada. Oura forma é não o identificar como pesquisador, como nas metodologias de "cliente oculto", mas neste caso há questões éticas que precisam ser observadas.

Em resumo, a observação participante é uma ferramenta valiosa para obter *insights* e compreender contextos complexos. Quando utilizada de forma ética e cuidadosa, ela contribui para a obtenção de dados enriquecedores e uma análise mais aprofundada do fenômeno em estudo.

Coleta grupal

Conforme Mynaio (2007) trata-se de um conjunto de técnicas qualitativas que, através do uso e soma de várias técnicas, permite a coleta de um grande volume de dados sobre vários elementos do problema. É naturalmente qualitativa, e estão neste grupo de técnicas, por exemplo (LAKATOS, MARCONI, 2003):

- Grupo Focal (*focus group*);
- Entrevista Coletiva;
- Entrevista semiestruturada coletiva;

- Sociodrama e psicodrama;
- Oficinas e *Workshops*.

A realização de testes de produtos ou serviços com consumidores é uma abordagem eficaz para coletar dados sobre suas opiniões, comportamentos e reações. Esses testes permitem que a empresa obtenha *feedback* direto e realístico dos consumidores, o que pode ser valioso para avaliar a aceitação de novas propostas, como embalagens e sabores.

Ao reunir uma pequena amostra representativa dos segmentos atendidos pela empresa, em um ambiente controlado e com a orientação de um profissional especializado, é possível observar e registrar as interações dos consumidores com os produtos ou serviços em teste. Isso pode incluir a análise das suas reações emocionais, preferências, percepções sensoriais, intenções de compra e *feedback* verbal.

Essa abordagem fornece *insights* valiosos sobre a recepção do mercado em relação às inovações propostas. Os dados coletados podem ajudar a empresa a compreender como os consumidores estão respondendo às mudanças, identificar pontos fortes e fracos, e orientar ajustes e melhorias antes do lançamento oficial.

É importante ressaltar que a realização de testes com consumidores requer cuidados na seleção da amostra, garantindo que ela seja representativa do público-alvo. Além disso, é fundamental manter a ética na condução dos testes, garantindo o consentimento informado dos participantes, a confidencialidade dos dados e o respeito pelos direitos dos consumidores.

Por meio dos testes com consumidores, a empresa pode tomar decisões mais embasadas e direcionar seus esforços de forma mais precisa, visando aumentar a aceitação e o sucesso dos produtos ou serviços no mercado.

VOCÊ SABIA?

Uma coleta de dados diretamente com o público necessita de uma equipe multidisciplinar, com várias áreas de conhecimento envolvidas – Psicologia, Antropologia, Marketing etc., para que o máximo de dados possa ser captado em curto espaço de tempo, maximizando os resultados obtidos com segurança e qualidade.

A análise dos dados obtidos pela I.M. na fase inicial pode revelar insights valiosos, como a sensibilidade das mulheres em relação à nova oferta de serviço financeiro. Nesse caso, é interessante aprofundar esse entendimento por meio de técnicas como grupos focais com mulheres da faixa etária identificada.

Os grupos focais permitem uma interação direta com o público-alvo, proporcionando uma compreensão mais aprofundada de suas percepções, opiniões e necessidades em relação ao novo serviço. Essa abordagem qualitativa pode revelar *insights* adicionais, como motivações de compra, expectativas, preferências e barreiras percebidas pelas mulheres.

Além disso, o ponto de venda também desempenha um papel importante na I.M. do novo produto financeiro. Ao monitorar a quantidade de mulheres atendidas e o percentual de conversão de vendas, a gestão terá informações atualizadas sobre a performance do serviço. Esses dados permitem avaliar o impacto das estratégias de marketing e vendas, identificar possíveis melhorias e tomar decisões embasadas para otimizar os resultados.

A combinação de técnicas qualitativas, como grupos focais, e a análise de dados quantitativos obtidos no ponto de venda proporcionam uma visão mais abrangente e informada do mercado e do desempenho do novo serviço financeiro. Isso permite à empresa ajustar suas estratégias, aprimorar a oferta e maximizar seu potencial de sucesso.

Análise de dados

Para obter as informações, o conhecimento necessário ao processo de decisão, é indispensável que os dados sejam analisados de forma clara, direta e aprofundada. Para isso, o primeiro passo é a aplicação de diferentes métodos e análise:

- Análise Descritiva - descreve ou tipifica algo que já aconteceu, cuja análise pode ser facilmente automatizada. Por exemplo, a origem de clientes em um *e-commerce – site, blog,* Instagram, e mais;
- Análise Preditiva - busca tendências futuras a partir de dados e padrões do passado e presente. Por exemplo, identificar um

padrão de roupa que possa voltar à moda, como as calças boca de sino;

- Análise diagnóstica - busca entender por que, as razões e causa de algo detectado. Pode, por exemplo, identificar as causas de uma baixa repentina nas vendas de uma loja específica, analisando os dados de vendas e da economia local, verificando se há alguma relação;
- Análise Prescritiva - busca construir recomendações, não raro baseadas nos métodos anteriores, montando cenários que indiquem os possíveis resultados de ações e decisões.

Para que essas análises sejam efetivas e construídas de forma rápida e eficaz, podem ser aplicadas técnicas de análise de dados:

- Análise fatorial - reduz a quantidade de dados a serem analisados agrupando aqueles que são semelhantes entre si, gerando assim categorias e subcategorias que representem um tipo de dado específico, como as respostas a uma pergunta;
- Análise de Coorte (ou Cohorte) - a partir de categorias diferentes, mas que compartilham elementos em comum, busca estabelecer padrões de ação, reação, comportamento, gerando possíveis soluções, gerando um tipo de análise comportamental dos dados;
- Análise de *cluster* - organiza os dados em blocos, os *clusters*, de forma que cada *cluster* tenha uma identidade ou valor específico, mas diferente dos demais *clusters*. Assim, agrupa uma ampla base de dados em elementos menores, agilizando a interpretação;
- Análise de séries temporais - verifica a ocorrência, ou não, de eventos ao longo do tempo a partir dos dados, e assim gera previsões sobre novas ocorrências;
- Análise de sentimentos - busca compreender, interpretar e classificar as percepções, sensações, emoções que as pessoas, os clientes, o mercado têm em relação a uma marca, produto, serviços, loja, e mais, identificando pontos fortes e pontos de melhoria.

A partir destas análises e desenvolve a fase de Avaliação e Interpretação, quando os dados obtidos são analisados, cruzados, verificando sua validade e autenticidade, bem como sua utilização ou eventual descarte.

Começam a ser montados os cenários para entendimento do problema e atingimento dos objetivos, e gerados os relatórios ou qualquer outra forma determinada para a montagem de cenários.

Montagem de cenários

Ou seja, isto feito, é hora de fazer com que os dados circulem pelos diversos setores e diferentes áreas da empresa, especialmente os gestores, de forma a transformar os dados e informações captados e os relatórios em suporte a decisão nas suas variadas formas e formatos, ou seja, em inteligência aplicada para a empresa.

Figura 3 - ciclo da montagem e da análise de cenários.

Fonte: desenvolvido pelo autor no Canva (www.canva.com)

Seleção trata de um exame delicado, profundo e minucioso do que foi coletado, de forma a detectar e verificar eventuais falhas e desvios que possam comprometer a validade dos dados. Se preciso, neste momento, conjuntos de dados coletados podem ser eliminados, e até mesmo pode ser definida, decidida nova coleta conforme o que for observado.

Na codificação os dados validados são organizados, normalmente em categorias e subcategorias que os agrupam por questão, por semelhança, por fonte de coleta etc. Também normalmente usa-se de algum tipo de código para representar cada categoria, de forma a identificá-la e distingui-la das demais. Pode-se usar cores também, que facilitam a identificação visual da categoria. Assim, classificam-se os dados que podem ser contados, medidos de forma clara e efetiva.

> **ATENÇÃO**
> As categorias e subcategorias estão diretamente ligadas aos objetivos, e devem refleti-los ao máximo. Ou seja, nas categorias deve ser possível "ver" os objetivos sendo tratados, verificados, analisados, alcançados. Isso não significa que cada objetivo deve ter uma categoria, e vice-versa, pois é possível e às vezes até mais efetivo para o processo de organização que haja mais uma categoria para um objetivo, e não raro uma categoria ou subcategoria atende a mais de um objetivo.

Já a Tabulação é a parte mais técnica, mais estatística do processo – especialmente se estamos lidando com uma coleta quantitativa – quando os dados são sistematizados. Na fase de tabulação os dados já organizados e sistematizados são dispostos em tabelas, quadros, gráficos, ou outra forma que se faça necessária, possibilitando assim uma análise e o cruzamento entre si para obter informações que se deseja compreender.

Finalmente, na Análise são extraídos e formatados os sentidos, os elementos, as informações fornecidas pelos dados coletados em busca das respostas desejadas. É o momento em que o problema e os objetivos "ganham vida" e tem seus significados e soluções trazidos à tona. É o momento de trabalho intelectual.

> **VOCÊ SABIA?**
> A utilização de *softwares* de análise de dados, como planilhas, é indispensável, mas é importante alertar que existem no mercado muitas soluções de *softwares* específicos para a realização de coletas e pesquisas das mais variadas formas de estilos, e que podem auxiliar desde a confecção dos instrumentos de coleta até a análise e cruzamento dos dados. Trataremos especificamente disso no capítulo sobre ferramentas aplicadas à Inteligência de Mercado.

Notamos, então, que contamos com um conjunto amplo e uma grande variedade de ferramentas, técnicas e instrumentos para a coleta e processamento de dados. É imprescindível, claro, que as decisões sejam tomadas com critério, direcionamento e seriedade, tendo sempre o problema e ou os objetivos em foco, para que o trabalho como um todo não sofra desvios ou obtenha dados inconsistentes.

Tomada de decisão

Tomar decisões. Seja sobre contratações, demissões, compras, novos produtos, promoções, inovação. Sobre tudo que envolve um negócio, seja de produtos ou serviços. É o cotidiano de gestores de empresas de todos os portes e todos os mercados.

A literatura da área de gestão indica que as áreas operacionais, de investimento, de financiamento e fiscais são as que demandam mais atenção e maior quantidade e variedade de decisões. E a velocidade do mercado permite cada vez menos tempo para que essas decisões sejam tomadas.

Esse é um dos fatores que gera a relevância e o crescimento da I.M. no contexto empresarial, pois aplicando

- mais agilidade
- maior segurança
- cenários mais claros e definidos

- otimização de processos
- redução de custos
- alta produtividade
- Facilita o cálculo de variantes
- Reduz a probabilidade de erro
- Permite análises causa/efeito
- Estabelece quais são as prioridades
- *Insights* e análises de previsão em tempo real.

Em suma, decisões mais rápidas, precisas e assertivas em, possivelmente, todas as áreas, mas especialmente no marketing, que depende dos dados, do monitoramento do mercado para direcionar as ações, buscando ou mantendo posições no mercado.

E incremento, reforço da competitividade e do posicionamento. Mas para que isso aconteça, todas as áreas e setores da empresa precisam estar alinhados, de forma que possam refletir as decisões tomadas.

Disseminação

Isso feito, é hora de fazer com que os dados circulem pelos diversos setores e diferentes áreas da empresa, especialmente os gestores, de forma a transformar os dados, informações captadas e os relatórios em suporte para decisão nas suas variadas formatações, ou seja, em inteligência aplicada para a empresa.

A I.M. bem-feita, bem aplicada e com aprofundamento da análise e clareza nos resultados gera um cenário claro e preciso da empresa ou organização, gerando processos precisos, organizados, "azeitados", e uma empresa proativa, capaz de reagir de forma rápida, ágil e positiva as situações e mesmo ameaças do mercado.

Essa prevalência e relevância dos dados como fonte e elemento das tomadas de decisão traz a T.I. e o *Big data* para o cerne, o centro do processo de decisão, envolvendo e afetando todas as etapas.

5. Big Data e Inteligência de Mercado

Vivemos em um ambiente com muitas atividades e processos digitalizados. Tudo o que fazemos de alguma forma gera dados que são armazenados e podem ser trabalhados para fins diversos.

Imagine um dia de folga, um domingo de final de semana, por exemplo. Dia ensolarado, temperatura agradável, vento leve. Você decide sair e curtir a rua com uma boa companhia. Você chama sua companhia no aplicativo de conversa, e ao receber a resposta e perceber que a pessoa está acordada, decide ligar para facilitar as combinações do encontro.

Figura 1 - mesmo a mais trivial das atividades cotidianas pode ser fonte de dados.

Fonte: Safari Consoler/Pexels, disponível em https://images.pexels.com/photos/16975707/pexels-photo-16975707/free-photo-of-praia-litoral-casal-conjuges.jpeg Acesso em 06/2023

Vocês se encontram e vão curtir o programa combinado. Bem, você está em uma fase de busca de uma vida saudável, emagrecer e manter o corpo em forma. Então, além de passear, você aciona no seu smartphone o aplicativo de monitoramento de atividade física, para registar o percurso da sua caminhada, seus batimentos cardíacos, pulsação, respiração, queima calórica etc.

Após algumas horas de caminhada, passando por vários locais agradáveis que você e sua companhia aproveitam ao máximo, e registram em fotos e comentários em suas redes sociais, a fome chega. Vocês param em um restaurante conhecido, escolhem a refeição e comem. Você se oferece para pagar com seu cartão de débito, não sem antes registar a refeição no aplicativo para controlar as calorias ingeridas.

De volta para casa, você decide descansar um pouco assistindo a sua série favorita. Então, aciona o aplicativo do provedor de conteúdo na sua *Smart TV*, que através da internet traz o que você quer ver.

Chega o final da tarde, hora de visitar a família. Você chama o transporte por aplicativo no celular, e clica no endereço do familiar que já está na memória. O motorista chega e já tem a melhor rota. É diferente da que você está acostumado, mas será mais rápida e barata porque evita um grande congestionamento.

Muitas das atividades que realizamos no nosso dia a dia são suportadas pelo uso de dados em grande escala, conhecido como *Big Data*. O exemplo ilustra como o uso de aplicativos e serviços baseados em dados pode facilitar e aprimorar várias áreas da nossa vida, desde monitorar a atividade física, fazer pagamentos, escolher rotas mais eficientes, até acessar conteúdo de entretenimento.

O termo *Big Data* refere-se ao imenso volume de dados que são gerados e coletados a partir de várias fontes, como dispositivos móveis, redes sociais, sensores, transações financeiras e muito mais. Esses dados são então processados, analisados e utilizados para obter *insights*, tomar decisões e melhorar diversos aspectos da nossa vida.

No exemplo que você deu, o aplicativo de monitoramento de atividade física utiliza dados como o percurso da caminhada, batimentos cardíacos e queima calórica para fornecer informações sobre o desempenho físico. O registro da refeição no aplicativo também contribui para o controle de calorias ingeridas. O aplicativo do provedor de conteúdo na *Smart TV* utiliza dados da internet para trazer o conteúdo

5. Big Data e Inteligência de Mercado

desejado. O aplicativo de transporte por aplicativo utiliza dados de localização e tráfego para encontrar a melhor rota.

Essas são apenas algumas das muitas maneiras pelas quais o *Big Data* está presente no nosso cotidiano, fornecendo-nos serviços e experiências personalizadas, melhorando a eficiência e otimizando nossas atividades. No entanto, é importante destacar que o uso de dados em grande escala também levanta questões relacionadas à privacidade, segurança e ética, sendo necessário um equilíbrio adequado entre a conveniência proporcionada pelos dados e a proteção dos direitos individuais.

Muito semelhante a vários dias e a várias situações e atividades que vivemos e fazemos no nosso dia a dia, não? Pois você sabia que muitas dessas atividades são suportadas e tornadas possíveis pelo *BIG DATA*?

BIG DATA

A quantidade de dados gerados pelas pessoas e organizações aumentou significativamente com o advento da internet e a proliferação de dispositivos conectados. Cada interação que temos *online*, seja por meio de aplicativos, transações financeiras, redes sociais ou outras atividades digitais, gera dados que podem ser coletados, armazenados e analisados.

No exemplo da compra no supermercado, os itens registrados no *ticket* alimentam os sistemas de gerenciamento de estoque, permitindo que a empresa acompanhe a demanda e faça reposições adequadas. Além disso, as informações de compra por cartão de débito ou crédito fornecem dados valiosos sobre o comportamento e preferências do cliente, que podem ser usados para segmentar o público-alvo, personalizar ofertas e melhorar a experiência do cliente.

Esses dados são armazenados em bancos de dados, onde podem ser analisados e transformados em informações relevantes para tomada de decisões. A análise de dados permite identificar tendências, padrões de consumo, oportunidades de mercado e diversos outros *insights* que podem impulsionar estratégias de negócios.

É importante ressaltar que o uso desses dados deve ser feito com responsabilidade, seguindo as regulamentações de privacidade e proteção de dados. As pessoas têm o direito de saber como suas informações estão sendo coletadas e utilizadas, e as organizações devem garantir a segurança e confidencialidade desses dados.

Em resumo, o grande volume de dados gerados atualmente oferece oportunidades significativas para compreender melhor os comportamentos e necessidades das pessoas, otimizar processos e criar produtos e serviços mais alinhados com as expectativas do mercado. A análise inteligente desses dados pode impulsionar a inovação, a eficiência e o crescimento das organizações.

Figura 2 - os data centers não são vistos, mas participam de muitos processos cotidianos.

Fonte: Manuel Geissinger/Pexels, disponível em https://images.pexels.com/photos/325229/pexels-photo-325229.jpeg Acesso em 05/2023

A coleta e o armazenamento de dados em grandes bancos de dados, conhecido como *Big Data*, têm sido cada vez mais comuns. Esses dados são valiosos para empresas e organizações, pois permitem uma análise mais abrangente e a obtenção de informações relevantes para tomada de decisões.

No exemplo que você mencionou, o uso do aplicativo de monitoramento de saúde gera dados que podem ser analisados para identificar tendências e padrões no seu desempenho e evolução ao longo do tempo. Essas informações podem ser usadas por empresas que oferecem produtos relacionados à saúde e bem-estar, como barras de cereais naturais sem açúcar ou suplementos de fibras alimentares. Com base nas suas atividades e necessidades identificadas pelos dados, as empresas podem direcionar anúncios personalizados para você, seja no celular ou nas redes sociais.

Essa prática é conhecida como marketing direcionado ou personalizado, e é possível graças à análise dos dados coletados sobre os usuários. As empresas utilizam algoritmos e técnicas de análise de dados para identificar padrões de comportamento e preferências dos consumidores, permitindo que sejam direcionadas ofertas mais relevantes e personalizadas.

É importante ressaltar que a utilização dos dados para fins de marketing deve ser feita de forma ética e respeitando a privacidade dos usuários. As empresas devem obter consentimento explícito dos usuários para coletar e utilizar seus dados, além de garantir a segurança e confidencialidade das informações.

O *Big Data* oferece diversas possibilidades de análise e aplicação dos dados para melhorar produtos, serviços e experiências do usuário. Porém, é fundamental que esse uso seja feito de maneira responsável, transparente e respeitando os direitos e a privacidade dos indivíduos.

> **FIQUE ATENTO**
>
> Nesse ponto é importante recordar da importância do Problema e dos Objetivos, e da necessidade de clara definição dos mesmos para que a coleta e as decisões tomadas sejam efetivas e colaborem com a organização. Isso se repete e fica mais claro com o *BIG DATA*: um problema e objetivos claros, focados, bem definidos são essenciais para o processo de análise, cruzamento e tomada de decisão baseados em *BIG DATA*.

As empresas podem utilizar os dados coletados para personalizar ofertas e recomendações de produtos e serviços de acordo com o perfil e comportamento dos usuários. Essa personalização é possível devido à análise dos dados em larga escala, que permite identificar padrões e tendências que podem ser utilizados para tomar decisões mais assertivas.

No caso da operadora de internet, por exemplo, ao analisar o seu comportamento de navegação, padrões de consumo e preferências, ela pode identificar a oportunidade de oferecer um plano mais adequado às suas necessidades, com benefícios e características que possam te interessar.

Da mesma forma, o banco pode utilizar os dados das suas transações em restaurantes para oferecer um cartão com descontos ou vantagens específicas nesses estabelecimentos, aproveitando o seu perfil de consumo.

O aplicativo de filmes e séries pode analisar os títulos que você assiste, as categorias de seu interesse e até mesmo o tempo de visualização, para sugerir programas semelhantes ou recomendações personalizadas, visando melhorar a sua experiência de uso.

Já o aplicativo de GPS, como mencionado, pode coletar e analisar dados de milhares de aparelhos conectados, identificando padrões de tráfego e congestionamentos para oferecer a melhor rota ao motorista, otimizando o tempo de deslocamento.

Todas essas aplicações exemplificam como o uso do *Big Data* permite que as empresas ofereçam produtos e serviços mais alinhados às necessidades e preferências dos clientes, proporcionando uma experiência personalizada e melhorando a eficiência das operações.

No entanto, é importante destacar que o uso dos dados deve ser realizado de forma ética, respeitando a privacidade e proteção dos dados pessoais dos usuários. As empresas devem seguir as regulamentações vigentes em relação à coleta, armazenamento e uso de dados, além de obter o consentimento dos usuários para processar suas informações. A transparência e o respeito à privacidade são fundamentais para a confiança dos usuários e o sucesso dessas estratégias de personalização.

Já viu isso? Você sabe o que está sendo referido aqui, não?

O *Big Data* refere-se ao armazenamento e análise de grandes volumes de dados provenientes de diversas fontes. Esses dados podem ser estruturados (como os dados armazenados em bancos de dados) ou não estruturados (como informações de redes sociais, imagens, vídeos, áudios, entre outros).

A diferença que o *Big Data* traz é a capacidade de lidar com a imensa quantidade de dados disponíveis atualmente de maneira rápida e eficiente. Com o avanço da tecnologia e o desenvolvimento de ferramentas e algoritmos de processamento e análise de dados, é possível extrair *insights* valiosos e informações relevantes a partir desses conjuntos de dados massivos.

Essa capacidade de análise e interpretação ágil e automatizada permite que as empresas e organizações tomem decisões mais embasadas, identifiquem padrões, tendências e oportunidades de negócio, além de melhorar a eficiência e a precisão das operações.

No caso do Censo, como mencionado, o *Big Data* possibilita o processamento e a análise desses dados de forma mais rápida e precisa. Em vez de realizar análises manuais demoradas, os dados podem ser armazenados em bancos de dados e processados com o auxílio de ferramentas de *Big Data*, o que facilita a extração de informações e a identificação de tendências demográficas, socioeconômicas e outras.

É importante ressaltar que o uso do *Big Data* traz desafios relacionados à privacidade e à segurança dos dados, além de exigir cuidados éticos na sua utilização. É necessário que as empresas e organizações sigam regulamentações e boas práticas para proteger a privacidade dos indivíduos e garantir o uso responsável e ético dos dados coletados.

> **VOCÊ SABIA?**
> Quem acompanha o CENSO ou lê notícias deve ter ouvido falar da expressão "série histórica". Isso trata da aplicação de questionários, perguntas e metodologias semelhantes ao longo das diversas edições do CENSO, de forma a gerar dados e informação que possam ser comparadas entre si, gerando um retrato da população e da economia e sua evolução ao longo do tempo.

Os 5 V's

O termo *"Big Data"* foi popularizado por Doug Laney em 2001, em um artigo intitulado "3D Data Management: Controlling Data Volume, Velocity and Variety" (Gerenciamento de Dados em 3D: Controlando o Volume, a Velocidade e a Variedade dos Dados). Nesse artigo, Laney destacou os três Vs do *Big Data*: Volume, Velocidade e Variedade.

Volume refere-se à quantidade massiva de dados gerados e armazenados diariamente. Com o avanço da tecnologia, cada vez mais dados estão sendo produzidos, como registros de transações, dados de sensores, interações em redes sociais e informações de dispositivos conectados.

Velocidade diz respeito à velocidade em que os dados são gerados e processados. Com a digitalização e a interconectividade, os dados são gerados em tempo real ou com grande rapidez, exigindo sistemas e infraestruturas capazes de lidar com essa velocidade.

Variedade envolve a diversidade de fontes e formatos de dados. Além dos dados estruturados, como aqueles armazenados em bancos de dados tradicionais, também temos dados não estruturados, como texto, imagens, áudio, vídeo, dados de sensores, entre outros. Essa variedade de formatos de dados requer abordagens e ferramentas adequadas para seu armazenamento, processamento e análise.

Além desses três Vs, dois outros Vs foram adicionados posteriormente para complementar a definição do *Big Data*:

Veracidade refere-se à qualidade e confiabilidade dos dados. Com a ampla disponibilidade de dados, é fundamental garantir que esses dados sejam precisos, consistentes e confiáveis, evitando informações falsas ou imprecisas que possam levar a conclusões equivocadas.

Valor representa a capacidade de extrair valor e *insights* dos dados. O objetivo final do *Big Data* é utilizar esses dados para obter informações relevantes que possam impulsionar a tomada de decisões, melhorar processos, identificar oportunidades de negócio e fornecer benefícios tangíveis.

Esses cinco Vs (Volume, Velocidade, Variedade, Veracidade e Valor) fornecem uma visão abrangente do conceito de *Big Data*, considerando tanto os aspectos técnicos quanto os impactos na tomada de decisões e no valor gerado pelas organizações.

Embora a definição dos Vs tenha sido uma contribuição significativa, é importante mencionar que o campo do *Big Data* continua a evoluir e novos conceitos e abordagens estão sendo desenvolvidos à medida que a tecnologia avança e as necessidades das organizações mudam.

Vamos a mais um exemplo aplicado abrangendo os 5 Vs e o *BIG DATA*.

Imagine agora um complexo hospitalar que oferece todos os serviços e especialidades médicas, coleta e análise dos dados de exames, atendimentos e registros médicos permitem identificar padrões e tendências que podem ser usados para prever demandas futuras, melhorar a eficiência operacional e garantir um atendimento adequado aos pacientes.

No caso do setor de Ginecologia e Obstetrícia, o histórico de exames e atendimentos pode ser usado para prever o volume de partos em determinado período. Isso permite que o hospital se planeje antecipadamente, ajustando a equipe médica, os recursos e os equipamentos necessários para lidar com a demanda esperada. Além disso, a análise dos dados pode ajudar na gestão dos estoques de medicamentos e na previsão de necessidades futuras, evitando desperdícios e garantindo que os insumos estejam disponíveis quando necessários.

No setor de atendimento de emergência, a análise dos dados históricos pode revelar correlações entre variáveis, como temperatura e ocorrência de doenças respiratórias. Com base nesses *insights*, é possível adotar medidas preventivas, como reforçar a equipe médica e o estoque de medicamentos específicos em períodos de baixa temperatura, quando é esperado um aumento nas demandas relacionadas a doenças respiratórias.

Esses exemplos ilustram como o *Big Data* pode ser uma ferramenta poderosa para aprimorar a tomada de decisões e melhorar a eficiência no setor de saúde. Ao utilizar os dados disponíveis de forma inteligente, as organizações podem antecipar demandas, otimizar recursos e oferecer um atendimento mais eficaz e personalizado aos pacientes.

> **ATENÇÃO**
>
> Uma boa coleta e análise de dados no *big data* pode apontar não somente informações e problemas, mas salvar vidas. Uma funcionária da IBM perdeu o filho nascido prematuro devido a uma infecção na incubadora. Não conformada, pediu para o hospital acesso aos dados das incubadoras da maternidade, que foram monitoradas por mais de 1 mês. A análise dos dados mostrou que havia pequena, mínima variação nos batimentos cardíacos dos bebês logo no início do processo infeccioso, que só poderia ser observada com a captação intensiva dos dados. Isso hoje está ajudando os médicos a detectar e a tratar possíveis infecções mais cedo, reduzindo a mortalidade de crianças nas incubadoras.

Os dados obtidos e armazenados no passado têm um valor significativo quando são analisados e aplicados no presente. Através da análise de dados históricos, é possível obter *insights* valiosos para entender padrões, identificar tendências, prever eventos futuros e tomar decisões mais informadas.

No exemplo do complexo hospitalar, os dados coletados ao longo do tempo permitem identificar padrões de demanda, comportamentos de pacientes e necessidades de recursos. Essa análise retroativa ajuda a organização a se preparar para situações futuras, antecipando-se às demandas e tomando medidas preventivas ou corretivas adequadas.

O uso estratégico dos dados históricos também permite identificar oportunidades de melhoria, identificar gargalos e tomar decisões baseadas em evidências. A análise de dados passados fornece uma base sólida para a tomada de decisões mais assertivas no presente, visando alcançar melhores resultados e otimizar processos.

Portanto, o aproveitamento inteligente dos dados armazenados no passado é fundamental para aprimorar o presente, oferecer melhores serviços e tomar decisões mais embasadas. O *Big Data* desempenha um papel crucial nesse processo, permitindo que as organizações extraiam *insights* valiosos dos dados históricos e os apliquem de forma estratégica.

E este, além dos exemplos já citados de mercado, é somente uma pequena parte, uma breve amostra das aplicações do *BIG DATA* como elemento de Inteligência de Mercado. As aplicações são muitas, infinitas, mas como se tratam de dados, que precisam ser tratados e trabalhados, analisados, precisam estar embasadas em uma captação precisa, um problema e objetivos claros que conduzam a análise para que se cheguem às melhores decisões.

Gestão da informação e I.M.

Mas para que os dados gerem resultados, eles precisam ser trabalhados, analisados, trabalhados de forma a atender as demandas específicas das organizações.

A gestão da informação engloba a forma como os dados, as análises e o conhecimento gerado pela I.M. serão tratados. Afinal, os dados captados e tratados por um setor, como o Marketing, por exemplo, podem ser demandados e auxiliar outras áreas da empresa, como logística, RH e outros, reduzindo assim tempo e custos. Além disso, a informação se traduz em conhecimento, indispensável nos processos de decisões em toda a cadeia dos processos de produtos ou serviços, o que facilita e reforça a competitividade da organização.

A forma como a I.M. se coloca, se apresenta e é abordada em termos da gestão de uma organização está direta e frontalmente conectada aos objetivos, as metas e a forma de abordar a aplicação da I.M. na gestão. Por isso, é importante, antes, recordar brevemente alguns conceitos essenciais para compreendermos a questão da informação junto à gestão e a I.M.:

- **Dados** são os registros brutos, obtidos ou captados através das mais diferentes formas, interna ou externamente à organização, e que são indispensáveis para que uma determinada situação, momento ou cenário seja conhecido;
- **Informação** trata-se do primeiro tratamento aos dados já contextualizados em relação a algo que se deseja compreender ou analisar, e assim também possa circular, ser compartilhada no contexto da gestão;

- **Conhecimento** é a informação tratada de forma a que possa gerar ação, um processo ou um resultado, alimentando as análises e a reflexão dos envolvidos, e que possa ser facilmente disseminada se preciso.

> **ATENÇÃO**
> Aqui é importante reconhecermos o que alguns chamam de "conhecimento organizacional", aquele que circula, é absorvido e aplicado pelos colaboradores no cotidiano das operações em todos os níveis, e que traz vantagens na execução das atividades, logo aumento de competitividade.

A implementação da Inteligência de Mercado pode variar de uma empresa para outra, dependendo de suas necessidades, estratégias e cultura organizacional. Existem diferentes abordagens para incorporar a I.M. no contexto administrativo, e cada uma delas tem suas vantagens e desafios.

Em algumas organizações, a I.M. é vista como um setor específico, com sua própria equipe e responsabilidades. Essa equipe é encarregada de coletar, analisar e fornecer informações relevantes para apoiar a tomada de decisões estratégicas. Essa abordagem pode ser eficaz para empresas que possuem uma demanda constante por *insights* de mercado e desejam ter um controle mais centralizado sobre as atividades de I.M.

Por outro lado, algumas empresas optam por terceirizar parte ou a totalidade das atividades de I.M., contratando fornecedores externos que atuam como consultores especializados. Essa abordagem permite que a empresa se beneficie da expertise e recursos desses fornecedores, sem a necessidade de manter uma equipe interna dedicada exclusivamente à I.M. Essa abordagem pode ser particularmente adequada para empresas que têm necessidades pontuais ou recursos limitados para investir em uma equipe interna de I.M.

Além disso, a I.M. pode ser integrada em diferentes departamentos e funções da empresa, como RH, vendas, distribuição, entre outros.

Nesse caso, cada departamento é responsável por coletar e analisar os dados relevantes para suas áreas específicas, com o objetivo de melhorar o desempenho e a eficiência das operações. Essa abordagem descentralizada pode permitir uma tomada de decisão mais ágil e adaptada às necessidades de cada departamento.

Quando se trata do departamento de marketing, a I.M. muitas vezes desempenha um papel fundamental, pois está diretamente ligada à compreensão do mercado, das necessidades do cliente e da concorrência. O departamento de marketing pode ser responsável por coletar e analisar os dados de mercado, identificar oportunidades, monitorar o desempenho da marca e desenvolver estratégias de marketing eficazes. Essa abordagem coloca a I.M. no centro das atividades de marketing, garantindo que as decisões sejam baseadas em *insights* e informações relevantes.

Em resumo, a forma como a I.M. é estruturada e integrada na empresa pode variar de acordo com suas características, estratégias e necessidades específicas. O importante é que haja um compromisso com a coleta e análise de dados relevantes, visando obter *insights* valiosos para apoiar a tomada de decisões informadas e impulsionar o sucesso organizacional.

QUADRO 1 - abordagens da I.M. na gestão

	I.M. Interna	**I.M. externa**
Benefícios	Agilidade de processos Rapidez na captação e na análise de dados	Isenção da análise Visão Crítica Variedade de fontes
Fraquezas	Contaminação por relações pessoais e departamentais Engessamento Pouca variedade de dados	Demora na resposta Custos mais elevados Análises "descoladas" da realidade

Fonte: desenvolvido pelo autor

Não há um modelo único ou uma abordagem "correta" para a implementação da Inteligência de Mercado em uma empresa. A forma como a I.M. é estruturada e integrada depende das necessidades e características específicas de cada organização.

Embora o modelo centrado no marketing seja amplamente utilizado e muitas vezes considerado eficaz, não é necessariamente a única opção. Algumas empresas podem optar por abordagens descentralizadas, onde diferentes departamentos têm responsabilidades específicas em relação à coleta e análise de dados de mercado. Isso pode ser especialmente relevante quando a organização tem múltiplos produtos ou serviços, atua em diferentes mercados ou possui equipes especializadas em áreas específicas.

É importante que a abordagem escolhida esteja alinhada com a estratégia geral da empresa e com suas necessidades específicas de informação. O objetivo é obter *insights* relevantes que apoiem a tomada de decisões informadas e impulsionem o desempenho organizacional. Cada organização tem sua própria realidade e características únicas, e é importante adaptar a implementação da I.M. de acordo com esses aspectos.

Além disso, é fundamental que a empresa esteja disposta a investir recursos adequados, tanto em termos de tecnologia como de profissionais qualificados, para garantir que a coleta e análise de dados sejam realizadas de forma eficiente e eficaz. A colaboração entre diferentes departamentos e o compartilhamento de informações são essenciais para obter resultados positivos.

Em resumo, não existe uma abordagem única que se aplique a todas as organizações. Cada empresa precisa avaliar sua realidade, seus objetivos e suas necessidades para determinar a melhor forma de estruturar e implementar a Inteligência de Mercado. O importante é ter um compromisso com a coleta de dados relevantes, a análise precisa e o uso estratégico das informações para impulsionar o sucesso da organização.

6. Ferramentas de Inteligência de Mercado

As mudanças de comportamento e preferências dos consumidores são uma realidade constante e influenciadas por diversos fatores. O avanço da tecnologia, a globalização, as tendências culturais e sociais, entre outros aspectos, têm um impacto significativo nas escolhas e preferências dos consumidores.

As empresas e organizações precisam estar atentas a essas mudanças e se adaptarem a elas para se manterem relevantes no mercado. A Inteligência de Mercado desempenha um papel fundamental nesse processo, pois ajuda a identificar e compreender as tendências emergentes, as preferências dos consumidores, as necessidades não atendidas e os *insights* do mercado.

Ao analisar os dados e informações coletadas, as empresas podem identificar mudanças de comportamento do consumidor e ajustar suas estratégias de marketing, desenvolvimento de produtos e tomada de decisões. Isso pode envolver a criação de novos produtos ou serviços, a adaptação de campanhas de marketing, a personalização da experiência do cliente e muito mais.

Além disso, a análise contínua do mercado e do comportamento do consumidor permite que as empresas antecipem tendências futuras e se posicionem de forma proativa. Isso significa estar um passo à frente da concorrência e oferecer soluções inovadoras que atendam às necessidades e expectativas em constante evolução dos consumidores.

Em resumo, a capacidade de acompanhar e responder às mudanças de comportamento e preferências dos consumidores é fundamental para o sucesso de qualquer organização. A Inteligência de Mercado fornece os *insights* necessários para tomar decisões informadas e estratégicas, permitindo que as empresas se adaptem às demandas do mercado e atendam às expectativas dos consumidores.

Figura 1 - *softwares* são ferramentas indispensáveis para o processo de I.M.

Fonte: Luis Gomes/Pexels, disponível em https://images.pexels.com/photos/546819/pexels-photo-546819.jpeg Acesso em 05/2023

Recentemente algumas marcas de lanchonetes *fast food* começaram a sofrer pressão do mercado. Acusadas de ser *"junk food"*, comida lixo devido aos altíssimos teores de carboidratos, açúcar e gordura na composição das comidas, viram os efeitos disso a se refletindo em queda de vendas nas lojas pelo mundo.

Então, uma mudança se fez necessária, e logo opções de alimentação mais saudáveis, como frutas e saladas, eram ofertadas junto com os tradicionais pratos do menu. Para isso foi preciso, antes de tudo, conhecer, saber claramente o que está afetando os resultados. Isso feito, aplicar técnicas e ferramentas para buscar solucionar da forma mais rápida, prática e com os menores custos.

Vejamos então algumas das ferramentas mais utilizadas no processo de I.M. a seguir.

Design Thinking

O *Design Thinking* é uma abordagem que coloca as necessidades e experiências das pessoas no centro do processo de resolução de problemas e criação de soluções. Ele é baseado em uma mentalidade de empatia, colaboração e experimentação.

Essa abordagem busca entender profundamente as necessidades, desejos e perspectivas dos usuários, permitindo uma compreensão mais completa dos desafios que precisam ser abordados. Ao adotar uma perspectiva centrada no usuário, o *Design Thinking* incentiva a criação de soluções inovadoras e impactantes.

O *Design Thinking* também valoriza a geração de ideias criativas e a exploração de diferentes possibilidades. Em vez de se ater a soluções tradicionais e previsíveis, essa abordagem encoraja o pensamento fora da caixa e a busca por novas abordagens e perspectivas.

Uma característica importante do *Design Thinking* é a prototipagem e a experimentação. Em vez de esperar até ter uma solução final perfeita, o *Design Thinking* propõe a criação de protótipos rápidos e iterativos. Esses protótipos são testados e refinados com base no *feedback* dos usuários, permitindo aprimoramentos contínuos e ajustes antes da implementação final.

Além disso, o *Design Thinking* promove a colaboração multidisciplinar. Ao envolver pessoas de diferentes áreas de conhecimento e perspectivas diversas, é possível reunir uma variedade de ideias e *insights*, estimulando a criatividade e a cocriação.

No geral, o *Design Thinking* é uma abordagem dinâmica e flexível, que busca entender os desafios do ponto de vista dos usuários, explorar soluções inovadoras e experimentar protótipos iterativos. Ao aplicar essa abordagem, as empresas podem desenvolver produtos, serviços e experiências que atendam às necessidades reais dos usuários e se destaquem no mercado.

Figura 2 - *Design Thinking* é um processo.

Fonte: Picjumbo/Pexels disponível em https://images.pexels.com/photos/196644/pexels-photo-196644.jpeg Acesso em 05/2023

O processo do *Design Thinking* envolve uma sequência de etapas organizadas para abordar problemas e criar soluções inovadoras. Essas etapas são:

Empatia: Nesta etapa, busca-se compreender profundamente as necessidades, desejos e perspectivas dos usuários envolvidos no problema. É importante ter empatia e adotar uma mentalidade de escuta ativa para obter *insights* significativos.

Definição: Após compreender as necessidades dos usuários, o próximo passo é definir claramente o problema ou desafio que precisa ser resolvido. Essa etapa envolve uma análise cuidadosa dos *insights* coletados para delimitar o escopo do projeto.

Ideação: Nesta fase, é hora de gerar o máximo de ideias possíveis para solucionar o problema identificado. O objetivo é encorajar a criatividade e o pensamento divergente, permitindo que todas as ideias sejam consideradas, mesmo que inicialmente pareçam improváveis ou fora do comum.

Prototipagem: Após a geração de ideias, é necessário selecionar as mais promissoras e transformá-las em protótipos tangíveis. Os protótipos podem variar de modelos físicos a representações visuais ou simulações interativas. O objetivo é criar algo que possa ser testado e iterado rapidamente.

Teste: Nesta etapa, os protótipos são colocados à prova e testados com os usuários reais. O *feedback* e as observações dos usuários são coletados para avaliar a eficácia e a usabilidade das soluções propostas. Com base nesses *insights*, os protótipos podem ser refinados e melhorados antes da implementação final.

Vale ressaltar que o processo de *Design Thinking* é iterativo, ou seja, as etapas podem ser revisitadas e ajustadas conforme necessário. O objetivo é obter uma compreensão mais profunda do problema e desenvolver soluções inovadoras que atendam às necessidades reais dos usuários.

Figura 3 - o D.T. envolve direta e profundamente as pessoas.

Fonte: Kaboompics/Pexels, disponível em https://images.pexels.com/photos/6224/hands-people-woman-working.jpg Acesso em 05/2023

No *Design Thinking*, as perguntas desempenham um papel fundamental para direcionar o processo de busca por soluções inovadoras. É por meio das perguntas que se exploram diferentes perspectivas, se aprofunda a compreensão do problema e se estimula a criatividade na geração de ideias.

Além disso, o *Design Thinking* coloca as pessoas no centro do processo. Compreender as necessidades, desejos e experiências dos usuários é essencial para desenvolver soluções relevantes e eficazes. Isso requer empatia, escuta ativa e envolvimento dos usuários em todas as etapas do processo.

No entanto, conduzir o processo de *Design Thinking* requer conhecimento e habilidades adequadas. É importante ter clareza sobre as metodologias e ferramentas disponíveis para facilitar o processo de ideação, prototipagem e teste. Além disso, é necessário promover um ambiente seguro e colaborativo, onde todas as ideias sejam valorizadas e as pessoas se sintam encorajadas a contribuir.

Com uma abordagem centrada nas pessoas e uma condução eficaz do processo, o *Design Thinking* pode gerar soluções inovadoras e impactantes, atendendo às necessidades dos usuários e trazendo valor para as empresas e organizações.

> **VOCÊ SABIA?**
> Uma empresa que usa amplamente do D.T. é o Netflix, que busca formas de observar o comportamento de seus usuários-consumidores buscando o máximo de personalização. Para isso, aplica um amplo conjunto de algoritmos e *softwares* para captar, armazenar e analisar dados, gerando sugestões e conteúdos o mais adequados possível ao perfil do consumidor. Isso é a I.M. em ação.

O *Design Thinking* pode ser aplicado em diversos contextos dentro de uma empresa, envolvendo diferentes equipes e áreas. O objetivo é estimular a colaboração, a criatividade e a inovação em todos os níveis da organização.

O time de vendas pode utilizar o *Design Thinking* para compreender melhor as necessidades dos clientes, identificar oportunidades de personalização e criar abordagens de vendas mais eficazes. Isso pode resultar em estratégias mais direcionadas e em um melhor relacionamento com os clientes.

A equipe de produção pode utilizar o *Design Thinking* para analisar e aprimorar processos, identificar formas de otimizar a produção, reduzir desperdícios e melhorar a eficiência. Isso pode levar a um aumento da qualidade, redução de custos e maior satisfação dos clientes.

Além disso, o *Design Thinking* pode ser aplicado no desenvolvimento de novos produtos, serviços ou modelos de negócio. Através da geração de protótipos e testes, é possível obter *feedback* dos usuários e aperfeiçoar as soluções antes de lançá-las no mercado.

É importante destacar que o *Design Thinking* não se restringe a um único departamento ou equipe, mas pode ser adotado de forma colaborativa em toda a empresa. Ao incentivar a participação de diferentes perspectivas e habilidades, o *Design Thinking* potencializa a criatividade, a inovação e a resolução de problemas de maneira coletiva.

Portanto, estar atento ao potencial do *Design Thinking* como uma ferramenta para geração de ideias e soluções é fundamental, assim como desenvolver as habilidades necessárias para conduzir o processo de forma eficaz e promover uma cultura de inovação em toda a empresa.

Design Estratégico

O Design Estratégico vai além do design tradicional e se concentra na aplicação de conhecimentos e metodologias de design para resolver problemas e impulsionar a estratégia de uma empresa. Ele busca conectar diferentes áreas e processos de uma empresa com uma visão estratégica, permitindo uma compreensão mais ampla e a geração de *insights* sobre o que precisa ser observado e resolvido.

Enquanto o design tradicional pode se concentrar mais na estética e usabilidade de produtos e serviços, o Design Estratégico incorpora uma abordagem mais holística, considerando também aspectos como a identidade da marca, a experiência do cliente, os processos internos e a inovação.

A colaboração entre o Design Estratégico e a Inteligência de Mercado é evidente, uma vez que a coleta e análise de informações são fundamentais para identificar problemas, entender as necessidades dos clientes, avaliar o mercado e direcionar as estratégias de design. A Inteligência de Mercado fornece *insights* valiosos sobre o ambiente externo, tendências do mercado, comportamento do consumidor e concorrência, o que é essencial para informar as decisões de design estratégico.

Portanto, o Design Estratégico e a Inteligência de Mercado são parceiros complementares na busca por soluções aplicadas e inovadoras, combinando o conhecimento do design com a compreensão do mercado para impulsionar o sucesso de uma empresa. Sua aplicação passa por etapas como:
- Entendimento do problema;
- Análise de possibilidades;
- Geração de ideias;
- este;
- Repetição ou aplicação.

Figura 4 - assim como o D.T., o D.E. é um processo criativo.

Fonte: Andrea Piacquadio/Pexels, disponível em https://images.pexels.com/photos/3758105/pexels-photo-3758105.jpeg (editado pelo autor)

Na etapa de Análise de Possibilidades, busca-se explorar diferentes cenários e abordagens para a solução do problema identificado. Isso envolve a criação de diversas opções e a consideração de diferentes perspectivas, levando em conta fatores como viabilidade, impacto e alinhamento com a estratégia da empresa.

Em seguida, na etapa de Geração de Ideias, são utilizadas metodologias específicas de criatividade para gerar um amplo conjunto de ideias e soluções possíveis. Nessa fase, é encorajada a livre expressão de ideias, sem restrições ou julgamentos, visando explorar o máximo de alternativas e perspectivas diferentes.

Após a geração de ideias, chega o momento de selecionar as melhores opções para serem testadas. Essa seleção é feita com base em critérios preestabelecidos, como viabilidade técnica, custos, impacto esperado e alinhamento com os objetivos estratégicos da empresa. As ideias selecionadas são então submetidas a testes práticos, que podem incluir prototipagem, simulações ou experimentos, para avaliar sua eficácia e viabilidade.

Com base nos resultados dos testes, é possível identificar quais ideias se mostram mais promissoras e aplicáveis à resolução do problema. Essas ideias podem ser implementadas e colocadas em prática, proporcionando soluções inovadoras e efetivas. Caso nenhuma das ideias testadas atenda aos critérios estabelecidos, é necessário repetir o processo de geração e seleção de ideias, buscando novas abordagens e soluções.

O Design Estratégico valoriza a exploração de diferentes perspectivas e a busca por soluções inovadoras, utilizando métodos e técnicas específicas para estimular a criatividade e a geração de ideias. Essa abordagem iterativa permite a adaptação e refinamento das soluções ao longo do processo, resultando em melhores resultados e maior alinhamento com as necessidades e objetivos da empresa.

Figura 5 - Processo do Design Estratégico

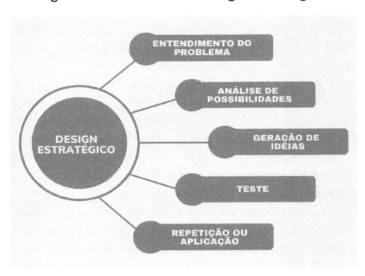

Fonte: desenvolvido pelo autor no Canva (www.canva.com)

O Design Estratégico e a Inteligência de Mercado são abordagens complementares que podem trazer benefícios significativos para uma empresa. Através do Design Estratégico, é possível aplicar técnicas de design e metodologias específicas para a resolução de problemas e a geração de soluções inovadoras. Já a Inteligência de Mercado fornece informações e *insights* relevantes sobre o mercado, os concorrentes, os clientes e as tendências, auxiliando na tomada de decisões estratégicas.

A aplicação conjunta do Design Estratégico e da Inteligência de Mercado permite que a empresa tenha uma visão mais completa e integrada do seu ambiente de negócios. O Design Estratégico contribui para a identificação de oportunidades, a criação de propostas de valor diferenciadas e a inovação nos produtos, serviços e processos. A Inteligência de Mercado, por sua vez, fornece os dados e informações necessários para embasar as decisões estratégicas, identificar tendências e antecipar demandas.

Ao combinar as abordagens de Design Estratégico e Inteligência de Mercado, a empresa pode obter *insights* mais profundos e tomar decisões mais embasadas. Por exemplo, a análise de dados de mercado pode identificar lacunas e necessidades não atendidas pelos concorrentes, abrindo espaço para a aplicação do Design Estratégico na criação de soluções inovadoras. Por outro lado, as técnicas de design podem ajudar a dar forma e tangibilidade aos dados e informações coletados pela Inteligência de Mercado, transformando-os em *insights* acionáveis.

Em resumo, a combinação do Design Estratégico e da Inteligência de Mercado permite que a empresa tenha uma abordagem mais abrangente e efetiva para compreender e atender às demandas do mercado, gerando soluções que são relevantes, diferenciadas e orientadas para o sucesso estratégico da organização.

BSC - Balanced Scorecard

A perspectiva de Aprendizado e Crescimento está relacionada ao desenvolvimento e capacitação dos colaboradores da organização, bem como à melhoria contínua dos processos internos. Nessa perspectiva, são analisados indicadores como treinamento e capacitação dos funcionários, clima organizacional, inovação e pesquisa e desenvolvimento.

O *Balanced Scorecard* propõe que essas quatro perspectivas estejam interligadas e sejam equilibradas para que a empresa possa alcançar seus objetivos estratégicos de forma eficiente e eficaz. Dessa forma, o BSC permite uma visão mais abrangente do desempenho da organização, considerando não apenas aspectos financeiros, mas também outros indicadores importantes para o sucesso do negócio.

Ao adotar o *Balanced Scorecard*, a organização estabelece metas e indicadores específicos em cada uma das perspectivas, definindo também as ações e iniciativas necessárias para atingir tais metas. A partir daí, são coletados dados e informações que permitem monitorar o desempenho da empresa, realizar análises e tomar decisões estratégicas com base nos resultados obtidos.

O BSC é uma ferramenta de gestão estratégica amplamente utilizada por empresas de diversos setores, permitindo uma abordagem mais equilibrada e integrada na avaliação e no direcionamento do desempenho organizacional. Ele oferece uma estrutura sólida para traduzir a estratégia em ações concretas e monitorar o progresso em direção aos objetivos estabelecidos, proporcionando uma visão mais completa e alinhada do desempenho da empresa.

Figura 6 - o BSC analisa e amplia a performance do negócio.

Fonte: Rawpixel/Freepik, disponível em https://img.freepik.com/fotos-gratis/icone-de-avaliacoes-de-autoaprimoramento-de-desempenho-de-desenvolvimento_53876-122739.jpg Acesso em 05/2023

O *Balanced Scorecard* permite que a empresa estabeleça metas claras e mensuráveis em cada uma das perspectivas, alinhadas com sua visão estratégica. Essas metas podem ser relacionadas a indicadores financeiros, satisfação do cliente, processos internos e aprendizado e crescimento. Ao definir metas específicas nessas áreas, a empresa consegue ter uma visão abrangente do seu desempenho e direcionar suas ações de forma mais eficiente.

A organização estabeleceu metas financeiras relacionadas ao retorno sobre o capital investido e ao fluxo de caixa. Na perspectiva do cliente, a meta foi estabelecida em relação à satisfação, com indicadores que distinguem entre satisfação total, satisfação parcial e insatisfação. E na perspectiva de aprendizado e crescimento, pode-se considerar a participação dos colaboradores nos resultados como uma meta relacionada à motivação e engajamento da equipe.

Ao monitorar regularmente esses indicadores e compará-los com as metas estabelecidas, a empresa pode identificar áreas que precisam de melhorias e tomar ações corretivas para garantir o alcance dos objetivos estratégicos. O *Balanced Scorecard* fornece uma estrutura clara para medir, monitorar e gerenciar o desempenho da empresa, permitindo uma gestão mais estratégica e orientada a resultados.

> **ATENÇÃO**
>
> novamente, nota-se a importância de uma definição clara de objetivos e metas. O BSC se orienta, se sustenta, praticamente surge de metas e objetivos claros. Então, a organização deve investir tempo em defini-los de forma claro, objetivo e executável. Metas S.M.A.R.T. – S (Específicas), M (Mensuráveis), A (Atingíveis), R (Relevantes) e T (Temporais) – auxiliam e dão clareza ao processo.

O *Balanced Scorecard* proporciona uma visão estratégica clara e compartilhada em toda a organização. Ao mapear os processos e estratégias em relação às metas estabelecidas, ele permite que todos os setores e colaboradores compreendam como suas atividades e ações contribuem para o alcance dessas metas.

Através da captação de dados de diversas fontes, internas e externas, é possível avaliar se as metas e objetivos estão sendo cumpridos. Isso permite que a organização acompanhe seu desempenho em relação aos indicadores estabelecidos em cada perspectiva do BSC. Caso haja desvios ou não conformidades, as ações corretivas podem ser implementadas de forma ágil, direcionando os esforços para a melhoria contínua e o alinhamento com a estratégia.

O BSC também facilita a comunicação e o alinhamento entre os diversos setores da organização. Todos têm clareza sobre os objetivos e metas estabelecidos, o que facilita o estabelecimento de ações e iniciativas estratégicas em suas respectivas áreas de atuação. Dessa forma, o *Balanced Scorecard* não apenas orienta a organização em direção às metas, mas também promove a integração e o alinhamento das equipes em prol do sucesso estratégico. Vamos a um exemplo:

1. A empresa precisa ter lucro para ser atraente a investidores e acionistas.
2. O cliente compra produtos úteis, de qualidade, inovadores e com bons serviços agregados.
3. Logo é preciso ter produtos e serviços com tais características.
4. E colaboradores que tenham perfil inovador.

O *Balanced Scorecard* (BSC) proporciona uma estrutura clara e abrangente para a definição e implementação das estratégias da organização. Cada componente do BSC desempenha um papel importante na tradução da estratégia em ações concretas.

O Mapa Estratégico é uma representação visual que mostra como os objetivos estratégicos estão interconectados e alinhados entre as diferentes perspectivas. Ele fornece uma visão panorâmica da estratégia da organização, permitindo que todos compreendam como cada objetivo contribui para o alcance da visão global.

Os Objetivos Estratégicos são declarações claras e direcionadas que descrevem os resultados desejados pela organização. Eles são medidos por meio dos Indicadores, que são dados e informações quantitativas ou qualitativas que fornecem uma medida do desempenho em relação aos objetivos. Os Indicadores permitem acompanhar o progresso e identificar áreas que requerem ações corretivas.

As Metas, por sua vez, estabelecem níveis específicos de desempenho a serem alcançados em um determinado período de tempo. Elas são quantificáveis e proporcionam um senso de direção e foco para a organização.

O Plano de Ação é o conjunto de atividades e iniciativas que devem ser executadas para alcançar os objetivos estratégicos. Ele define as responsabilidades, os prazos e os recursos necessários para implementar as ações necessárias.

Ao implementar o BSC, a organização pode estabelecer uma abordagem sistemática para a definição e acompanhamento das estratégias, permitindo uma melhor tomada de decisões em todos os níveis. Além disso, o BSC promove a transparência e a comunicação eficaz em relação aos objetivos e metas estratégicas, envolvendo todos os colaboradores na busca pelos resultados desejados.

Figura 7 - o B.I. atua diretamente no suporte à gestão e às decisões.

Fonte: RDNE Stock Project/Pexels, disponível em https://images.pexels.com/photos/9034279/pexels-photo-9034279.jpeg Acesso em 05/2023.

VOCÊ SABIA?

Existem no mercado dezenas, talvez centenas de *softwares* e empresas que oferecem soluções para as mais diversas áreas, sendo que algumas até mesmo auxiliam no processo de captação e organização dos dados. Análise com cuidado as necessidades da organização em que atua, o nível de privacidade e de segurança necessários aos dados, antes de implementar uma solução específica. Recordando que muitas vezes o B.I. implantado para a área de Marketing poderá ter de atender também, de forma correlata, o financeiro da empresa. E vice-versa. Logo a solução deve contemplar a organização e disponibilização dos dados conforme as necessidades de cada área. Não menos importante é pensar na dimensão tempo, pois o B.I. deverá acompanhar a organização por muito tempo, logo a solução deve ser avaliada levando em conta possíveis necessidades futuras.

Um exemplo: quem trabalha com publicidade *online* conhece e utiliza amplamente o Google Adwords. Através da tela do sistema (figura 9) é possível gerenciar todas as atividades de uma campanha publicitárias feita no Google – seja usando o mecanismo de busca, seja no Gmail, em aplicativos etc. – minuto a minuto, verificando e acompanhando o resultado das ações: quantas vezes um anúncio foi mostrado para usuários na rede, quantas vezes um anúncio foi clicado, quanto tempo as pessoas permaneceram lendo uma página ou anúncio etc. Assim, é possível, por exemplo, redirecionar verbas e valores para anúncios e canais que estejam trazendo maior resultado, retirando verba de outras que apresentam resultado menor ou mesmo insatisfatório.

Figura 8 - tela do sistema de gerenciamento de anúncios do Google.

Fonte: capturado na Internet pelo autor.

Softwares para análise de dados

Apresentamos aqui as principais soluções de *software* disponíveis para análise de dados no mercado.

> **LEMBRE-SE**
> O mercado de *softwares* é rápido, versátil e altamente mutável. Assim, é importante sempre estar atento a novas soluções disponibilizadas.

Excel

Integrante da suíte de aplicativos Office, o Excel é uma ferramenta de planilhas que permite o talvez seja a ferramenta de organização e tratamento de dados é, provavelmente, o *software* com maior alcance, presença e uso da categoria.

Não por acaso tornou-se referência, e até mesmo imitado, em sua categoria. Mesmo com limitações no que tange a execução de rotinas de tratamento das informações, e exigindo certo nível de especialidade para a execução de algumas tarefas e fórmulas, o Excel é uma das soluções mais versáteis, com uma interface bastante intuitiva e muitos recursos acessíveis a leigos.

MS Power BI

Também da Microsoft, o Power BI é focado em suporte para a inteligência de mercado. Com funções inteligentes, *dashboards* customizáveis e possibilidade de automação de tarefas, com geração de relatórios e gráficos com intervalos definidos.

O Power BI oferece uma das soluções mais completas para a análise e gestão de dados e para apoio e suporte à gestão, se adaptando a diversas e diferenciadas realidades e necessidades de forma rápida e segura, para empresas de todos os portes.

Looker Studio

Looker Studio, também denominado *Data Studio* (houve uma mudança de nomes recente, então é possível que você encontre informações com os dois nomes), é uma solução do Google que transforma dados em informação estratégica para a empresa. Focada em *Business Analytics*, oferece recursos para a geração rápida e intuitiva de relatórios, análises, e apresentações ricas e detalhadas.

Assim, o *Data Studio* permite a construção de *dashboards* personalizados, formatação de dados customizada e mais todos os recursos necessários para a análise e apresentação de dados e informações. Mas requer uma conta do Google, e oferece muitos recursos de forma gratuita.

Outras ferramentas e recursos, como Python, R., e mesmo alguns sistemas de administração de internet, *sites* e *e-commerce* fornecem dados e recursos para tratamento que podem ser bastante úteis para os processos decisórios. Python e R necessitam um nível maior de conhecimento em programação e informática, enquanto as demais dependem do que os provedores de internet contratados disponibilizam.

Mas independente da ferramenta, do *software*, do aplicativo ou suíte, a presença de um profissional com capacidade de analisar, de entender, de olhar os dados e informações e extrair delas o sentido desejado, transformando a interpretação em decisões construtivas e, assim, resultados, é indispensável.

7. Considerações Finais

"Não me ofereça coisas. Não me ofereça sapatos. Ofereça-me a comodidade para meus pés e o prazer de caminhar. Não me ofereça livros. Ofereça-me horas de prazer e o benefício do conhecimento. Não me ofereça discos. Ofereça-me ideias, emoções, ambiência, sentimentos e benefícios." (obtido em http://rafamorawski. blogspot.com/2010/05/nao-me-ofereca-coisas.html – acesso em 04/2023)

A frase acima destaca uma questão central no marketing: a necessidade de focar nos benefícios que serão ofertados ao mercado, pois o que o consumidor busca é a solução de um produto, algo que tenha um significado, um papel em seu cotidiano, não exatamente o que é ofertado.

A compreensão do mercado, das necessidades e desejos dos consumidores, assim como o alinhamento dos valores da empresa e a criação de uma estratégia de marca consistente, são fundamentais para o sucesso no mundo dos negócios atual. A utilização de ferramentas como o marketing, a inteligência de mercado, o *design thinking*, o design estratégico e o *Balanced Scorecard* oferecem abordagens e métodos eficazes para compreender, planejar e executar ações direcionadas.

O marketing, em seu sentido mais amplo, permite identificar as demandas do mercado, analisar as tendências e oportunidades, segmentar o público-alvo e aplicar estratégias adequadas para transformar ideias em oportunidades reais. A inteligência de mercado fornece informações valiosas sobre o comportamento dos consumidores, as preferências e as tendências, auxiliando na tomada de decisões embasadas em dados concretos.

O *design thinking* e o design estratégico trazem metodologias e processos criativos para o desenvolvimento de soluções inovadoras. Eles ajudam as empresas a compreender os problemas e as necessidades do mercado, gerar ideias e soluções, prototipar e testar antes de implementar efetivamente. Essas abordagens colocam as pessoas no centro do processo, considerando suas necessidades, desejos e experiências como direcionadores para o desenvolvimento de produtos e serviços.

O *Balanced Scorecard*, por sua vez, fornece uma estrutura para o planejamento estratégico, permitindo que a organização estabeleça metas claras e mensuráveis e acompanhe o progresso em direção a esses objetivos. Ele equilibra diferentes perspectivas, como financeira, clientes, processos internos e aprendizado e crescimento, garantindo que a organização esteja atenta a todos os aspectos relevantes para o seu sucesso.

No contexto atual, onde o ambiente digital desempenha um papel cada vez mais importante, as empresas devem adaptar suas estratégias para aproveitar as oportunidades oferecidas por esse meio. Isso implica em compreender as demandas e expectativas dos consumidores nesse ambiente, criar uma presença *online* eficaz e estabelecer uma comunicação consistente e relevante.

Em suma, o marketing, a inteligência de mercado, o *design thinking*, o design estratégico e o *Balanced Scorecard* são ferramentas poderosas para entender o mercado, alinhar estratégias, criar valor para os clientes e obter sucesso nos negócios. Ao utilizá-las de forma integrada e orientada para as necessidades do mercado, as empresas podem se destacar, inovar e prosperar em um ambiente competitivo em constante evolução.

Sabemos que a pessoa que adquire uma roupa pode estar buscando conforto, estar bem arrumada para o trabalho ou para uma festa, facilitar os exercícios na academia, e mais. A pessoa que procura um salão de beleza pode estar desejando se sentir melhor, trabalhar sua autoestima.

Quem abastece o carro está buscando poder se deslocar do ponto A aos pontos B e C, não combustível em si. Quem procura um serviço público pode estar tentando resolver um problema próprio, ou até mesmo coletivo, cujo atendimento é muitas vezes exclusivo do poder público.

7. Considerações Finais

Essa perspectiva é de fundamental compreensão para o marketing e seu papel, pois afeta toda a construção e todo o direcionamento das ações e dos esforços da empresa. Ora, se o foco deve estar no que o consumidor busca como benefício, este deve ser o ponto central dos argumentos, do posicionamento, da imagem e das mensagens a serem transmitidas.

Bons tempos vivemos. A informação está em todos os cantos e de várias formas. Se informar, manter-se a par do que acontece no bairro, na cidade, no país, no mundo, na tecnologia, nas ciências, na música, no comportamento, no consumo, na cultura, onde for foco e interesse, está cada vez mais fácil e acessível.

Saber o que é produzido e consumido em cada canto do mundo, quais as tendências e lógicas de formato, aplicação, materiais, formas, usabilidade, e mais, e desejar isso torna-se cada vez mais presente no cotidiano de profissionais de várias áreas. Ao alcance dos dedos literalmente.

Os conhecimentos e estratégias oriundas do marketing são centrais, devem ser o coração e o cérebro das empresas e organizações contemporâneas em todos os mercados e setores, sejam públicos ou privados. Desde o surgimento do conceito e práticas ainda nos anos 1950 e 1960, o marketing evolui de um e foco em compreender os desejos e necessidades do mercado, gerando produtos e serviços adequados a estas demandas, a um modelo mais amplo, que entende que tudo e todos os membros, sistemas e processos da empresa que travam contato com o mercado transmitem e constroem a imagem da empresa.

Saber pesquisar o mercado, verificar os comportamentos dos consumidores, analisar tendências e oportunidades, verificar e atender segmentos específicos, aplicando os interesses e conhecimentos para transformar ideias em oportunidades reais é uma demanda cotidiana, e que precisa ser conhecidas pelo profissional do Design em todas as suas abordagens e manifestações.

Inovar está na ordem do dia das empresas e organizações, a ponto de já poder até mesmo ser considerado clichê. Tudo hoje é inovador, do mais simples brinquedo infantil que aplica um material ou técnica diferente até uma forma de atender clientes bancários via aplicativo.

O mercado tem mudado muito. A (oni)presença dos recursos e ambientes digitais tem trazido oportunidades, novos recursos, formatos e modelos estratégicos. A segmentação e as possibilidades de alcance e contato com pessoas das mais diversas e diversificadas características é cada vez mais uma possibilidade real, cotidiana, e presente no ambiente da publicidade. E a mensagem da marca e as aplicações do design ampliam sua presença e força no mercado.

O digital ganha nova força a cada dia, impactando diretamente no ambiente e nas ações em todos os mercados. Se, por um lado, temos novos recursos, espaços, nova segmentação e uma maior efetividade no direcionamento das mensagens, temos também um consumidor mais ativo e mais crítico, com maior facilidade de "trocar de canal" e de ignorar mensagens indesejadas - e que em poucos cliques, compartilha com o mundo sua opinião ou insatisfação.

Logo, é preciso identificar e compreender claramente o que o consumidor busca, deseja, qual o benefício buscado, desejado, percebido pelo consumidor, e o que a concorrência está ofertando, de modo a construir o que é esperado, desejado.

É importante que todas as ações estejam norteadas pelos mesmos princípios estratégicos, considerando as especificidades do mercado, volume de negócios, e mais. Para isso, o planejamento não pode prescindir de dados e informações precisas sobre o mercado.

Diante disto a publicidade, o marketing, a comunicação e o design como um todo precisaram se adaptar, buscando estratégias multilaterais e interativas com o seu público. As marcas tendem a ir em direção inclusiva utilizando a tecnologia e a internet como meios de automação. O que não significa que certos recursos e linguagens tenham sido substituídos, pelo contrário, seguem sendo aplicados, seguem orientando as ações e o pensamento criativo das empresas no mercado, mas também apoiando e sustentando ações estratégicas e táticas.

Ao formular uma estratégia, é importante lembrar-se das promessas e dos valores da marca, pois esses devem ser atraentes para o público. É importante não só compreender esses conteúdos pela gestão da empresa, mas também fortalecê-los em toda a organização.

Trata-se, assim, de estabelecer um retrato do ambiente onde as ações em planejamento serão construídas, efetivadas, minimizando riscos e maximizando o aproveitamento e o direcionamento de decisões. Ou seja, trata-se de uma ferramenta – ou conjunto de ferramentas – aplicada no sentido da compreensão do mercado como um todo.

7. Considerações Finais

Em suma, a definição da estratégia está relacionada aos benefícios que serão proporcionados aos clientes que utilizam a marca. Os consumidores geralmente compram produtos de marcas em que acreditam, que concordam, que tenham o mesmo valor e, o mais importante, que estão relacionados a elas.

Esses valores devem ser repetidos com frequência, para que todos na organização entendam com clareza quais são as ideias básicas embutidas na marca. O valor central da empresa é o pilar da marca e só pode ser estabelecido quando o valor central é claramente determinado. Esse é o primeiro passo para formular uma estratégia de marca: determinar os valores centrais da empresa.

Na atualidade, principalmente com o auxílio da Internet, é fácil obter dados sobre o mercado, mas o motivo que diferencia as empresas no mercado é a análise dessas informações. Em um mundo em rápida mudança, é importante monitorar as variáveis de mercado e aplicar a tecnologia, o que pode ajudar os profissionais de marketing a identificar e avaliar oportunidades.

Como a cor das paredes e móveis afeta a percepção do consumidor? A iluminação direta valoriza ou atrapalha a percepção do consumidor sobre um produto? E a iluminação indireta? A tela do aplicativo é responsiva? É possível dispor móveis e mobiliário, como estantes e prateleiras, de forma a facilitar processos de venda? A tela do *site*, a interface de um aplicativo auxilia o processo de decisão do usuário? Como todos estes elementos se relacionam e refletem a imagem, o posicionamento, e contribuem para os objetivos mercadológicos da empresa ou marca?

A gestão precisa, assim, ter um olhar amplo, aberto, para o todo, observando, analisando não somente quem consome, mas também quem oferece o serviço – afinal o desempenho da equipe afeta o resultado dos serviços – e também os fornecedores dos serviços, desde energia e telefonia e internet até insumos como papel e demais materiais, organizando o processo como um todo.

Bons estudos!

Prof. Dr. César Steffen.

REFERÊNCIAS

AGUIAR, Michelle. **Design de Serviços.** Curitiba: InterSaberes, 2022.

ANDERSON, C. **A Cauda Longa – Do Mercado de Massa para o Mercado de Nicho.** São Paulo: Elsevier, 2006.

BOWN, Tim; YAMAGAMI, Cristina. **Design Thinking.** São Paulo: Alta Books, 2017.

BRITTO, F. **MARCA, IMAGEM E REPUTAÇÃO.** São Paulo: Best Business, 2012.

BURNETTE, Charles. **A theory of Design Thinking** (Tese em PDF). Acesso em https://www.academia.edu/209385/A_Theory_of_Design_Thinking [08/2019].

CAMALIONTE, Edilberto. FONTES, Adolfo. **Inteligência de mercado conceitos, ferramentas e aplicações.** São Paulo, 2011.

COBRA, M. **Administração de Vendas.** São Paulo: Atlas, 1994.

DRUCKER, P. **Marketing Segundo Peter Drucker:** Lições de estratégias que revolucionaram os conhecimentos de Marketing. São Paulo? M. Books, 2013.

FUTRELL, C. M. **Vendas** – Fundamentos e novas práticas de gestão. São Paulo: Saraiva, 2003.

GIACOBELLI, M. **Relacionamento, influência e negócios.** São Paulo: editora Gente, 2016.

GIL, Antônio Carlos. **Como elaborar projetos de pesquisa.** 4. ed. São Paulo:

HOLYDAY, R. **Acredite estou mentindo** – Confissões de um manipulador da mídia. Rio de janeiro: Companhia Editora Nacional, 2012.

KOTLER, P. Administração de marketing. São Paulo: Pearson Education do Brasil, 2012.

KOTLER, P.; KARTAJAYA, H.; SETIAWAN, I. **Marketing 4.0.** São Paulo: Sextante, 2017.

LAKATOS, E. M.; MARCONI, Marina de Andrade. **Fundamentos de metodologia científica.** 5. ed. São Paulo: Atlas, 2003.

LONGO, W.; TAVARES, Z. L. **O Marketing na Era do Nexo.** Rio de janeiro: Best Seller, 2009.

LOVELOCK, C.; WIRTZ, J.; HEMZO, M. A. **Marketing de Serviços:** Pessoas, Tecnologia e Estratégia. São Paulo: Saraiva Universitária: 2020.

LUHN, Hans Peter. **A Business Intelligence System.** IBM Journal of Research and Development, 2, 314-319. New York, N.Y, 1958.

MARTINO, L. S. **Entre mídia e comunicação:** origens e modalidades de uma dicotomia nos estudos da área. Comunicação. mídia consumo, São Paulo, v. 13, n. 38, p. 10-28, set./dez. 2016.

MEDEIROS, João Bosco. **Redação científica: a prática de fichamentos, resumos, resenhas.** 4. ed. São Paulo: Atlas, 2000.

MINAYO, Maria Cecília e Souza (Org.). **Pesquisa social: teoria, método e criatividade.** Petrópolis: Vozes, 2001.

NOVAK, J. **Desenvolvimento de Games.** São Paulo: Cengage Learning, 2010.

ONGARO, V.; **Análise crítica das mídias e suas narrativas.** Curitiba: Intersaberes, 2018.

Referências

ORSOLI, F. **Introdução às Mídias Sociais.** E-books Sebrae. Disponível em: <http://www.rafaelfelipesantos.com.br/wp-content/uploads/2015/07/ebook-2-midias-sociais.pdf>. Acesso em: 21/01/2020.

PAIXÃO, M. V. **Inovação em produtos e serviços.** Curitiba: Intersaberes, 2014.

REIS, Z. R.; SIQUEIRA, P. **Mídia para Iniciantes.** São Paulo: Baraúna, 2009.

SAFKO, L.; BRAKE, D. K. **A Bíblia da Mídia Social:** táticas, ferramentas e estratégias para construir e transformar negócios. São Paulo: Blucher, 2010.

SCOLARI, C. A. **Mapping Conversations About New Media:** The Theoretical Field of Digital Communication. New Media & Society, 11 (6), 2009, p. 943 –964.

SHAVER, M. A. **Como Vender a Mídia** – o marketing como ferramenta de venda do espaço publicitário. São Paulo: Nobel, 2002.

SHELDON, Lee. Desenvolvimento de personagens e de narrativas para games. São Paulo, SP: Cengage Learning, 2017.

SISSORS, J. Z.; BUMBA, L. **Planejamento de Mídia.** São Paulo: Nobel, 2001.

SOUSA, J. P. **Elementos de teoria e de pesquisa da comunicação e da mídia.** Florianópolis: Letras Contemporâneas, 2004.

SOUZA, M. **Design de serviços:** seu cliente vivenciando uma notável experiência de atendimento. São Paulo: Inovaplan Consultoria Empresarial, 2012.

STICKDORN, M.; SCHNEIDER, J.; BANDARRA, C. B. M. **Isto é Design Thinking de Serviços:** Fundamentos, Ferramentas, Casos. São Paulo: Bookman, 2014.

TURBAN, Efraim. **Business intelligence: um enfoque gerencial para a inteligência do negócio.** Porto Alegre: Bookman, 2009.

VAZ, C. A. **Google Marketing:** o guia definitivo de marketing digital. São Paulo: Novatec, 2010.

VERONEZZI, J. C. **Mídia de A a Z.** São Paulo: Flight, 2002.

WHITFIELD, J. **O poder da reputação.** São Paulo: Best Business, 2014.

WIND, Y.; MAHAJAN, V.; GUNTHER, R.; **Marketing de Convergência**: estratégias para conquistar o novo consumidor. São Paulo: Pearson, 2003.

ANEXO I - Glossário

Termos e expressões associadas a Inteligência de Mercado

Apresentamos aqui um índice dos principais termos utilizados ao longo dos textos deste livro e que se relacionam especificamente com a I.M.

Algoritmo – é um conjunto ou organização de regras e procedimentos sistemáticos que organizam etapas para a solução de um problema específico. Está muito ligado à área de *software*.

Análise Preditiva – uso de dados armazenados para identificar ou prever a probabilidade de resultados futuros.

Balanced Scorecard – metodologia de gestão que tem por objetivo medir o desempenho de uma empresa ou organização através de um conjunto de indicadores definidos. Foi desenvolvido em 1992 por dois professores da Harvard Business School, Robert Kaplan e David Norton.

BAM (Business Activity Monitoring – Monitoramento de atividade de negócio) – tecnologia ou conjunto de tecnologias que permitem o monitoramento de dados e informações em tempo real.

Base ou Bancos de dados – conjunto de dados armazenados em um sistema informatizado, relacionados entre si e passível de recuperação e análise imediata.

Benchmark – método de análise do desempenho de uma empresa em relação a outras empresas, especialmente concorrentes diretos.

Big Data – denomina os grandes conjuntos de dados, estruturados ou não, que podem ser recuperados, analisados e utilizados para a geração de decisões.

BPM (Business Performance Management) – conceito de trata da união da T.I. com a gestão para melhoria de resultados.

Business Analytics ou Análise de Negócios – uso de ferramentas de T.I. de forma a obter previsões sobre os negócios, ciar modelos de gestão etc.

Cloud computing – armazenamento e processamento de informação compartilhadas em rede por meio da internet.

CRM (Customer Relationship Manager, Gestão de Relacionamento com o Cliente) – abordagem ou estratégia de gestão que coloca o cliente como foco principal. Utiliza amplamente de T.I., para armazenamento e recuperação de informações.

Data Mining ou Mineração de dados – processo de seleção e análise de dados em *BIG DATA* que permite observar ou detectar padrões.

Data Modeling ou Modelagem de Dados – conjunto de técnicas que especifica regras de negócios em relação ao banco de dados, ou vice-versa, que objetiva gerar modelos consistentes para análise e recuperação.

Data Scientist ou Cientista de Dados – profissional da área de análise de dados, que aplica métodos e técnicas para o armazenamento e recuperação de informações.

Data Source – ponto onde uma informação será obtida para posterior armazenamento e análise.

Dashboard – painel onde todas as informações, objetivos e metas do negócio são apresentadas de forma organizada e sistematizada.

ERP (Enterprise Resource Planning) – plataforma de *software* que oferta automação de processos através da integração dos diversos departamentos de uma empresa.

KPI (Key Performance Indicator, ou Indicador Chave de Performance) – indicador chave, ou seja, o elemento essencial dos dados captados que indica o cumprimento de metas ou objetivos.

Métrica – medida de um KPI.

NPS (Net Promoter Score) – técnica de captação da opinião de clientes e usuários na rede que mede o seu grau de satisfação e probabilidade de indicação de um serviço na rede.

Parâmetros – métricas para responder a determinadas informações ou situações.

SAP – empresa alemã de *softwares* de gestão, considerada uma das maiores do mundo e que virou sinônimo de sistema.

Scorecard – conjunto de metas e métricas aplicadas ao planejamento estratégico que visam medir o desempenho empresarial.

SWOT – acrônimo do inglês *Strengths, Weaknesses, Opportunitties and Threats*, ou em português FOFA, Forças, Fraquezas, Oportunidades e Ameaças, trata-se de uma ferramenta de análise interna e externa da empresa, observando sua situação e sua relação com o mercado.